地势坤，君子以厚德载物。

蒙曼说历史

大隋

兴衰四十年

4

自杀王朝

蒙曼 著

浙江教育出版社·杭州

图书在版编目（CIP）数据

大隋兴衰四十年 . 4 / 蒙曼著 . — 杭州 : 浙江教育出版社 , 2020.11

（蒙曼说历史）

ISBN 978-7-5722-0559-0

Ⅰ . ①大… Ⅱ . ①蒙… Ⅲ . ①中国历史—隋代—通俗读物 Ⅳ . ① K241.09

中国版本图书馆 CIP 数据核字（2020）第 131907 号

责任编辑 赵露丹　　**美术编辑** 曾国兴

文字编辑 鲁　庚　　**责任印务** 沈久凌

责任校对 陈德元　　**特约编辑** 孙悦久

产品经理 魏　帆　魏　强

蒙曼说历史

MENG MAN SHUO LISHI

大隋兴衰四十年 4

DASUI XINGSHUAI SISHI NIAN 4

蒙曼　著

出版发行　浙江教育出版社

（杭州市天目山路 40 号　电话：0571-85170300-80928）

印　　刷　河北鹏润印刷有限公司

开　　本　880mm × 1230mm　1/32

成品尺寸　145mm × 210mm

印　　张　9.5

字　　数　166000

版　　次　2020 年 11 月第 1 版

印　　次　2020 年 11 月第 1 次印刷

标准书号　978-7-5722-0559-0

定　　价　45.00 元

如发现印装质量问题，影响阅读，请与本社市场营销部联系调换。

电话：0571-88909719

再版序

看过去的作品，有点儿像看青年时代的照片。比着剪刀手，穿着过时的衣裳，乍一看几乎认不出来，自家几时有过这般可笑的模样？可是，再一看，那眉眼，那神情，不是自家又是谁呢？只不过是身形再细些，脸庞再鼓些，嘴角再翘些，看起来都是无足轻重的改变，却又是再高级的美颜相机也打造不出来的模样。

我们年轻的时候，只要不是过分自大的人，任谁听说，你现在这个样子最美，都不会轻易承认吧？我们总对自己有各种各样的不满，发型太丑，大腿太粗，笑容太野，这林林总总的问题，难道日后不会一一修正吗？我们都相信，修正了之后的自己才是最好的自己。殊不料，若干年之后，浓密的黑发委了地，肥厚的脂肪上了腰，浅浅绽放的笑容里也多了皱纹的加持——我们一直在努力，却终未长成自己理想的模样。非但没有长成，甚至还多了一点儿“盛年不重来”的惆怅。所以，人生究竟是用来经历的，还是用来修正的？修正了之后，真的就会更好吗？

若并未更好，为什么我们还要汲汲于修正？

这些问题，在此次修正书稿的过程中都曾反复回旋于我的脑海，回旋之后，我的态度是保守的——只美颜，不动刀吧。所谓动刀，就是外科手术式的修正，腿短了接骨，腰粗了去脂，乃至改头换面，重新做人。这样的做法放在书稿上，可能就意味着调结构，换立场，改结论，“不惜以今日之我，难昔日之我”。我固然佩服这样每日精进的锐气，却全无躬身践行的勇气，因为这套书出版近十年来，无论是我自己，还是整个隋唐史学界，对隋代的认识并无突破性进步，在这种情况下贸然伤筋动骨，实恐得不偿失。

尽管如此，美颜还是必要的。当日木兰凯旋，“当窗理云鬓，对镜帖花黄”，曾让多少伙伴惊喜交加：“同行十二年，不知木兰是女郎。”确实，洗去十二年征尘的木兰，在伙伴的眼里，不也恍若脱胎换骨一般了吗？把这动人的一幕置换到书稿上来，我也权做画眉张敞，弄粉调朱吧。

首要的“美颜”自然是洗其污垢。其中最大的“污垢”当数隋炀帝陵的位置。史载隋炀帝死后，辗转迁葬雷塘。隋唐时期雷塘的位置久已失载，清嘉庆十二年（1807年），大学士阮元经考证，认定扬州市邗江区槐泗镇槐二村的土墩墓即为雷塘隋炀帝陵，并请时任扬州知府伊秉绶立石书碑。阮元为一代学宗，其说一出，几成定论。本书初版之时，也沿袭此说。然天不藏道，地不爱宝，2013 年，真正的隋炀帝墓在扬州市西湖镇司徒村曹庄发掘出土，千载之疑，至此冰释。此番修订，自当存真去伪，改用新说。除此之外，还有若干其他讹谬，此次修订也一并改正。盖史书之事实错误犹如美人之面上污点，这类修正，算是洗了污垢。

其次的“美颜”是增其华彩。原书稿脱胎于“百家讲坛”讲稿，以当时口语成书，虽有“如闻其声”之得，却也有“文不雅驯”之失。此次修订，一律润饰，冀少增文采。这类笔削，散在章章节节，字字句句，看似简单，但操作起来，才真正理解古人“推敲”之不易。盖文辞之简陋伧荒犹如美人之粗服乱头，这类修订，算是施了淡妆。

袁枚诗云：“爱好由来下笔难，一诗千改始心安。阿婆还似初笄女，头未梳成不许看。”想来阿婆白发皤然，纵使梳头，难夸云鬓。但洗面施妆，终是爱己尊人之举，其情可感。俾观者知之，不亦乐乎？

蒙曼

2020 年 3 月 23 日

序言

隋炀帝，众人眼中的“大暴君”。可是，谁能否认他的审美价值呢！万丈豪情，千秋功业，再配上一个悲剧性的结局，一个不铁面无情的谥号，如此巨大的张力，万人恨，万人迷。

在我家里，妈妈最喜欢为隋炀帝鸣不平了。她总对隋炀帝的英雄气概啧啧称奇，也总为他后来的身死国亡叹息不已。每到这时候，我就问她：“隋炀帝可是踩着万民的尸骨去摸天呢，您一个小老百姓，愿意生活在他的统治下吗？”老人家立刻不说话了，但是，到下一次，照样惋惜。

爸爸更有趣。有一天，他推开我的房门，递给我一张皱巴巴的纸，然后说：“我写了一首诗。”我赶紧肃立，拜读。这哪里是一首诗哟！是六首呢，有绝句，有律诗。更重要的是，所有的诗都指向一个共同的主题——隋炀帝。我在微博里写过，爸爸是一个有点才子气，又有点英雄气的人。他会半真半假地感慨生不逢时，未能允许他大展长才，而我和妈妈会半开玩笑地打击他，说他有心无力。时也，命也，这不正是人类慨叹的永恒主题吗？

这六首诗就放在我面前。我确信，它们的第一读者和批判者绝不是我，一定是我那有着清醒头脑和发达情感的妈妈。我还确信，它们最终的读者和批判者仍然不是我，因为我已经打算把它们奉献给大家——我的读者们。

《怀古六首》——蒙善泉

南游怀古（一）

春水悠悠秋水长，运河两岸好风光。
稻浪滚滚千顷碧，荷花亭亭十里香。
扁舟浮云织锦绣，绿柳青烟笼画舫。
翁媪黄昏闲来坐，指点晚霞话隋皇。

南游怀古（二）

半江锦帆半江霞，风拂绿草水蒙沙。
扬子浪卷千堆雪，钱塘潮推一线涯。
石头城下听昆曲，虎丘塔侧品新茶。
最是游人销魂处，隋堤柳影洛阳花。

甘肃行

祁连山高万木幽，瀚海黄河一望收。
大斗拔谷君涉险，观风行殿草伏诛。
怀远何惧餐风露，睦邻敢忘万兜鍪。

隋筑长城今安在，惆怅遥瞻漠北头。

洛阳怀古

洛城一望春渐深，隋堤漫步忆前尘。

勃兴忽亡诔千古，载舟覆舟俱斯民。

炀帝陵

雷塘自古号繁华，碧瓦红墙百千家。

可叹一隅隋皇墓，孤坟老树宿寒鸦。

雷塘行

和风微醺日欲斜，红楼碧野接天涯。

游人或谓春将老，我来雷塘拾落花。

妈妈眼中的隋炀帝在叹息里，爸爸眼中的隋炀帝在诗文里。那么，我眼中的隋炀帝呢？应该就在这本书里吧。很多朋友会发现，和我以前的几本书不同的是，这个前言并未涵盖对隋炀帝的整体评价。也许，如此毁誉交织的人生，如此跌宕起伏的命运，如此波澜壮阔的历史，本来就不该由一篇短短的前言容纳。因此，还请您耐下心来，从头看起。

蒙曼

2012 年 5 月 4 日

目录

公元615年已经是隋炀帝统治的第十一个年头，此时的大隋王朝内部面临着民众造反和统治集团内部分裂两大乱象，真可谓众叛亲离。就在这危机四伏的时刻，隋炀帝做出的一个惊人的决定，让他颜面尽失，甚至差点性命不保。这是个什么样的决定？它给隋炀帝带来了怎样的后果？

隋炀帝当皇帝期间，共有三次下江都的经历，前两次都是风风光光，挣足了面子，摆尽了排场。但到三下江都时，却弄了个灰头土脸，狼狈不堪。为什么同样的行为，会有如此不同的效果？他为什么非要到江都去？这一次江都之行将是什么结果？

自从大业十二年（616），隋炀帝第三次下江都之后，天下局势越来越糟：窦建德占据河北大部；李渊攻占首都大兴城；李密围攻东都洛阳；杜伏威占领高邮，直逼江都；甚至后来，就连一直忠心耿耿保护隋炀帝的禁卫军也纷纷叛逃。隋炀帝在江都宫究竟发生了什么事？面对如此严峻的形势，隋炀帝是如何应对的？本应该忠心耿耿的禁卫军为什么会造反？

大业十四年（618），隋炀帝的禁卫军骁果发动兵变，夜袭江都宫。但根据记载，当时在江都宫城外有大将军来护儿，宫城内也有精锐的给使营守卫。在内外守备森严的情况下，骁果军怎么能突破重重防线，顺利进入江都宫？面对死亡，隋炀帝会是怎样的反应？不可一世的隋炀帝，为什么最后会死于一个无名小卒之手？

第一章 后院起火

从第一次征讨高句丽开始，隋炀帝不仅在对外战场上损兵折将，国内的老百姓为了逃避沉重的赋役，也纷纷起兵造反。而隋军第二次东征高句丽，眼看胜利在望，礼部尚书杨玄感却突然在后方起兵造反，迫使隋炀帝紧急撤军，功败垂成。这个改变了整个战局的杨玄感究竟是何许人？他为什么要在此时造反？

一、玄感其人

杨玄感这个直接打乱了隋炀帝二征高句丽计划的人可不是一般的鼠窃狗盗之辈，恰恰相反，此人是个大贵族，“三好生”。

第一，出身好。杨玄感是大名鼎鼎的宰相杨素的长子。要知道，杨素是关陇贵族集团中的重量级成员，官至司徒、尚书令，爵封楚国公，是隋朝官位最高的大臣。有父如此，杨玄感也就成了当时第一等的贵公子。这样的出身，本身就意味着无限的号召力。

第二，能力好。杨玄感跟乃父杨素一样，允文允武，按照《隋书·杨玄感传》的说法，就是“骁勇，便骑射，好读书”，从小就非常勇敢，而且弓马娴熟，还喜好文墨。这种文武兼资的素质在当时非常受人推重。

除了有这样的基本素质，杨玄感个人能力也很强。他当初担任郢州刺史的时候，年纪尚轻，又是“空降干部”，所以，当地官员都没把他放在眼里，等着看他的笑话。杨玄感上任之后，不急不躁，先派了一些耳目眼线调查情况，把手下官员的德行能力，乃至贪污受贿情况都搞了个一清二楚，这才分别找他们谈话，做出下一步工作安排。这些官员一看，自己的隐私都被杨玄感掌握得丝毫不差，还有什么勇气再跟他叫板。从这一件事，就可以看出杨玄感的心机与气度。

据说，杨玄感小的时候发育比较晚，学会说话和走路都比别人迟些，很多人都以为他是个傻孩子。只有他爸爸杨素不以为然，总跟别人说：“此儿不痴也。”有道是知子莫若父 ，杨素眼光精准，曾经一望之下，就预判出唐朝的两大开国元勋封德彝与李靖，面对自己朝夕相处的儿子，他怎么可能判断失误！

第三，风度好。杨素就是美男子，当年平陈战争的时候，往船头上一站，江南人都以为是江神下界。杨玄感深得其父之风，也长得高大威武，美髯飘飘。不过，讲杨玄感风度好可不光指长相，更重要的是他待人接物的态度。按照《隋书·杨玄感传》的说法，杨玄感“性虽骄倨，而爱重文学，四海知名之士多趋其门”。虽然自己出身高贵，平时对一般同僚也比较傲慢，但是，对于有文学才华的名士则是非常客气。礼贤下士的名气一传开，跟他交往的人也就越来越多了，这样一来，杨玄感的社会声望也非常高。

因为有这么多过人之处，杨玄感的仕途相当顺利。在隋文帝一朝，他就已经官拜柱国。柱国可是二品大员，当时杨素官居尚书右仆射，也是二品官，所以每到朝会的时候，父子两个都站在同一排。隋文帝不是最讲孝道吗？觉得儿子和爸爸站在同一排有违孝道，特意让杨玄感降一等，到三品官的序列里排班。

面对这样的安排，杨玄感如何表态？他赶紧拜谢说："不意陛下宠臣之甚，许以公廷获展私敬。"我没想到陛下钟爱我到这个程度，能够让我在朝廷里还表现出对爸爸的恭敬之心。这话说到隋文帝心坎里去了。从此，对杨玄感更是另眼相看。

隋文帝对他不错，隋炀帝也没有亏待他，大业初年，杨素去世，杨玄感以长子的身份袭爵楚国公，很快官至礼部尚书，这可是所谓尚书八座之一，权力很大。

这样看来，杨玄感要官有官，要爵有爵，要名有名，幸福指数应该相当高。按道理来讲，这样的人最应该忠君爱国，与国休戚了，他为什么还要造反呢？

二、蓄谋已久

杨玄感造反可不是临时起意，而是蓄谋已久。从什么时候开始有这个想法的？从他爸爸杨素去世就开始了。他蓄意造反，有两个理由。

第一，隋炀帝对他有杀父之仇。此前写到，杨素为隋炀帝立过大功，功高震主，难免让隋炀帝产生了猜忌之心。正好当时杨素生病，隋炀帝天天派御医探望，一副急不可耐的样子，巴不得杨素早一天死。杨素看到皇帝这么迫不及待，长叹一声，放弃治疗，主动病死了。

杨素死后，隋炀帝还不放心，又找了一个由头，把他的弟弟杨约免职，杨约也因此郁郁而终。换言之，杨素兄弟之死，隋炀帝都脱不了干系。这些事情，杨玄感看在眼里，记在心上。爸爸和叔叔都为隋炀帝的帝业殚精竭虑，最后竟然落得如此下场，这真是让他伤透了心。

这也罢了，更让他难以容忍的是，杨素葬礼之后，隋炀帝一不留神，说了一句："使素不死，夷其九族。"这句狠话传到杨玄感耳朵里，他的心情就更复杂了。看来，隋炀帝对他们一家子都不放心啊。本来还只是一个杀父之仇，现在，又增加了切身利害，杨玄感跟隋炀帝之间就有点不共戴天的味道了。

第二，杨玄感也有个人野心。杨玄感出身关陇贵族集团，这个集团的特点就是皇帝轮流做。最开始是姓元的当西魏皇帝，然后是姓宇文的当北周皇帝，现在改成姓杨的当隋朝皇帝，轮来轮去，总在这个圈子里转悠。

杨玄感也出身于这个圈子，而且在圈子里的地位还挺高，这就让他不安分起来。在他看来，爸爸杨素掌权那么多年，门生故吏遍天下，自己也整天招贤纳士，人气十足，这可都是政治资本。既然有人拥戴，焉知这位子不会轮到他家里？这样一来，杨玄感又多了几分可取而代之的想法。所以说，杨玄感是早有反心，只等恰当的机会了。

机会在哪里呢？杨玄感找到的第一个机会还真不是东征高句丽，而是隋炀帝西巡。大业四年（608），隋炀帝从青海经大斗拔谷穿越祁连山，进入河西走廊。这条路非常艰苦，最窄的地方只能容许一个人通过，所以，即使贵为天子，也只能是自己照顾自己。另外，因为人马太多，一天之内不能过完，到夜里，还要在山谷里搭帐篷露宿。这意味着皇帝的安保工作很难周密。

皇帝的安保不严格，对杨玄感来讲可是难得的时机。所以，当时杨玄感就想趁乱袭击隋炀帝的行宫。可是，就在他跃跃欲试的时候，他的叔叔杨慎把他拉住了。杨慎说：“**士心尚一，国未有衅，不可图也。**”现在隋炀帝还比较得人心，国家也没遇到什么问题，你要杀皇帝，绝对没有好下场。言外之意，你要杀皇帝我不反对，但是，总要等时机成熟。

怎样才叫时机成熟？杨慎说得很清楚，要等到人心不稳，国家有变的时候才行。杨玄感是个听劝的人，听叔叔这么一说，马上放下屠刀，不但终止犯罪，而且整个人都换了一番面貌，对隋炀帝越发忠心耿耿起来。他是真的改变想法了吗？当然不是，他只是在等待时机。

这个时机什么时候到来呢？本来，杨玄感以为，隋炀帝第一次东征高句丽的时候就到来了。

为了讨伐高句丽，隋炀帝从大业七年（611）就开始调兵遣将，兵役和徭役一下子加重了不少，特别是离战场比较近的山东地区，更是成了重灾区，成年男丁不是被拉去当兵，就是被拉去当民夫，把劳动力都给抽走了，弄得民不聊生。在这种情况下，山东地区就开始有人铤而走险，揭竿斩木了。

外有战争，内有造反，杨玄感觉得，这就是叔叔杨慎所说的人心不稳，国家有变了！当然得抓住这个机会。

杨玄感任礼部尚书，是文官，这时候，他主动找到兵部尚书段文振，对他说："玄感世荷国恩，宠逾涯分，自非立效边裔，何以塞责！若方隅有风尘之警，庶得执鞭行阵，少展丝发之功。明公兵革是司，敢布心腹。"我杨玄感世代蒙受皇恩，无法报答，现在边疆有战争，我愿意投身行伍来效尺寸之功。您是兵部尚书，所以我先向您申请一下。

这就叫主动请缨，要求上战场。为什么杨玄感会提出这样的要求？很简单，他想带兵。要造反，手里没有兵怎么行。

那么，他这个目的达到没有？非常遗憾，并没有。段文振倒是把他的请求如实汇报给隋炀帝了，隋炀帝一听，也很感动，还跟旁边的大臣们说了一句："将门必有将，相门必有相，故不

虚也。”都说将门有将，相门有相，现在一看真是那么回事。杨素是大将军，如今杨玄感明明是个文官也主动请缨，可见家族遗传就是强大呀。隋炀帝狠狠地夸了杨玄感一顿。

问题是，夸了之后，隋炀帝只是赏给他丝绸千段，然后就没下文了，杨玄感还是礼部尚书，标准文官，跟战争无缘。就这样，杨玄感的第一次希望落空了。可以想象，这一定让他很是郁闷。

可是很快，机会又来了。大业九年（613）四月，隋炀帝再次东征高句丽，人心惶惶，国家动荡的局面再次出现。这也罢了，更重要的是，就在东征之前，隋炀帝想起了杨玄感上次那番慷慨激昂的表白，决定让他也参与到战争中来。这一次，隋炀帝对他委以重任，让他到黎阳（今河南浚县）督运军粮！

三、黎阳起兵

杨玄感一听这个决定，真是大喜过望，这简直比让他领兵出征还好。为什么？

首先，粮食是军队的命脉，隋炀帝让他督运军粮，就等于把自己的脖子交到了他的手里。

其次，隋炀帝的远征军固然需要粮食，杨玄感起兵造反也需要粮食呀。有了这个美差，他造反的后勤保障问题就迎刃而解了。

最后，不光是督运军粮这个差事好，黎阳这个地方也好，它远在后方，跟隋炀帝隔山隔水，自成一体，隋炀帝无从监视，不管搞什么活动都很方便，远比带一支军队在隋炀帝眼皮子底下活动自由多了。

所以，这个任命一下来，杨玄感心里直念佛，自己暗中准备了这么多年，不就是为了等到这个机会吗？“天予不取，反受其咎”，这样的好机会再不抓住，老天都要不容的。

既然天时、地利、人和俱全，杨玄感一上任，就紧锣密鼓地开始准备造反了。

杨玄感干的第一件事，就是把运往辽东的粮草截留了。隋炀帝让他督运粮草，本来期待他能够充分利用大运河的运力，把粮草一船一船地运到辽东前线去。没想到，这粮食左等不来，右等也不来，眼看前方的粮食都快断顿了，杨玄感的大船还是不见踪影。隋炀帝急得跳脚，赶紧派人催他。

杨玄感对使者解释说：没办法，现在路上不太平，匪盗多啊。我怕这么一船一船地走遇上劫匪，所以想要多等几条船过来，把它们集结成一批，再武装押运过去。为了安全起见，为了减少损失，还是请陛下再等几天吧！这话说得入情入理，连隋炀帝都信以为真了。

杨玄感为什么这样做？很简单，这是希望把前线的士兵饿死，就算饿不死，至少也能动摇军心。而且，通过不断截留，杨玄感手里也聚集了大量的粮草，这是第一个准备。

杨玄感干的第二件事，是集结官兵。要造反，光有粮食不行，还得有兵。可是，杨玄感只是一个运粮官，不是领兵官，手里并没有军队，怎么办呢？杨玄感使了一条贼喊捉贼的妙计。他先安排了一个仆人伪装成使者，假装从东边，也就是隋炀帝那边过来，交给杨玄感一封密信，信上说，水军将领来护儿因为未能如期攻打高句丽，害怕追究责任，起兵造反了，因此，皇帝命令杨玄感集结队伍，准备镇压！

这封信一到，杨玄感马上公开宣读，紧接着就把黎阳城占领了，占领之后，关上城门，满街抓青壮年男丁。这样一来，黎阳城里可就乱套了，无论你刚才是在种地还是在做买卖，哪怕你只是在街上闲逛，总之从被抓之时起，你就是杨玄感手下的兵了。

可是，就这么扫地为兵，也还是不够，于是，杨玄感又以讨伐来护儿的名义给周围各郡写信，让他们把本郡的留守部队都集中起来，一律开到黎阳城。可是，各处留守人马本来就少，而且也不会都听他的安排，就算增加了一些力量，兵力也还是远远不够。隋炀帝那边有百万大军，要想造反，兵力相差太悬殊也不行。

还能怎么办呢？杨玄感又开动脑筋了。他原来督运粮草，手下虽然没有士兵，但是有船夫，这也都是壮劳力。干脆，直接转换身份，当兵吧。于是，几千漕运船夫和篙梢手也进入了战斗序列。这就是造反的军事基础了。

光有兵也不行，还得有官，否则谁带着这些士兵攻城略地？打下了地盘，又让谁来镇守？兵都是抓来的，官从哪里来？杨玄感的官是骗来的。他假借运粮的名义，把周围郡县一些有才能、入他法眼的官员都召集到了黎阳郡，来了之后立马任命，原来是县尉、县主簿的，现在都能当州刺史，只要你能把那个州打下来，可以就地当官。若是有人不接受任命，那也好办，直接杀头了事。

就这样，经过几天紧锣密鼓的折腾，杨玄感终于官兵齐备了。到这时候，杨玄感再也不提什么来护儿造反之类的事情了，而是宰杀猪羊、祭天誓师。他说：“主上无道，不以百姓为念。天下骚扰，死辽东者以万计。今与君等起兵，以救兆民之弊，何如？”主上昏庸无道，都不管百姓的死活了，把我们的子弟儿郎都押送到了辽东战场，死者数以万计！现在我想和诸位一起起兵，解民于倒悬，你们觉得好不好？

这段话可比打来护儿有号召力。隋炀帝两征高句丽，大肆征发兵役劳役，老百姓早就烦透了，一听杨玄感这么宣传，立刻欢呼起来。这样一来，杨玄感就算正式揭竿而起了。

四、李密献策

揭竿而起之后，接下来该怎么打？别看杨玄感考虑造反已经有数年之久，但是，事到临头，他还真有点不知所措。不过，幸运之神正眷顾着他，他没想好不要紧，有一个人替他想好了，而且不早不晚，杨玄感刚刚举兵，这个人就出现在他面前了。

此人就是中国历史上赫赫有名的李密。李密和杨玄感一样，都出身于关陇贵族集团。李密的太爷爷叫李弼，是当年北周的八柱国之一，比隋炀帝爷爷杨忠的出身还要高。隋炀帝说的那句“**将门必有将，相门必有相**”，放在李密身上也没有错。

李密从小就表现得非同寻常。《新唐书·李密传》记载了一个故事。李密年轻的时候，曾经当过太子府的宿卫武官，当时的太子就是后来的隋炀帝。有一天，太子杨广经过李密身边的时候，不经意看了他一眼。就这一眼，让他过目不忘。李密长得“**额锐角方，瞳子黑白明澈**”。天庭饱满，棱角分明，尤其是一双眼睛，黑是黑，白是白，黑白分明，像水一样清澈，但是也像水一样闪着寒光。

这让杨广印象太深刻了。回去之后，他马上把自己宠信的大臣宇文述叫过来，问他，帐下那个小个子，黑脸，长着一双黑白分明的大眼睛的宿卫叫什么名字？宇文述说，他叫李密，是八大柱国李弼之后，袭爵蒲山郡公。太子杨广说，这小子眼睛乱转，看得我心里发毛，以后不要叫他做宿卫了。

这故事让人一看就想起曹操来，因此有人怀疑这里有照搬曹操故事的嫌疑。是真是假暂且不论，总之能够看出来一个事实，李密从小就与众不同。不过，以当时的情况看，与众不同也没能给他带来什么好处，反而不讨领导喜欢。怎么办呢？李密索性辞职回家读书去了。也正是因为读书，他才得以结识了杨玄感。

李密回家之后，就拜了当时一个著名的学者包恺为师，学习《史记》和《汉书》。有一天，他骑着牛到老师家里去请教问题。可是，牛走得很慢，李密觉得这一路上的时间浪费了可惜，就在牛角上挂上一帙书，边走边看，旁若无人。正好，杨玄感的爸爸杨素从旁路过，一看这个年轻人看书如此入神，不由得心生感慨，就问道：“**何书生勤如此？**”你是哪儿来的书生，怎么读书这么勤奋?

李密回头一看，这不是大名鼎鼎的宰相杨素吗?赶紧下拜，把自己的出身说了一下。杨素又问，读什么书啊?李密回答，《项羽传》。项羽可是中国历史上著名的英雄，一个能对历史上的英雄如此着迷的人，绝非凡人可比。这样一来，杨素对李密的兴趣越来越浓厚，不免跟他聊了起来，越聊越觉得这个年轻人不寻常。回去之后，杨素就对儿子杨玄感说:“吾观密识度，非若等辈。”我看李密的见识和气度，不是你们这些人能比的。这就是成语“牛角挂书”的来历。

此前写到，杨玄感虚怀若谷，乐于结交天下英豪。一听爸爸这样夸赞李密，也赶紧和李密倾心结交，两个人很快成了好朋友。当时号称刎颈之交，也就是割头换命的好兄弟。

不过，杨玄感毕竟是宰相之子，有时候难免露出一些轻狂傲气，这让李密觉得很不痛快。有一天，李密对杨玄感说:“人言当指实，宁可面谀!若决机两陈之间，暗呜咄嗟，使敌人震慑，密不如公;驱策天下贤俊，各申其用，公不如密:岂可以阶级稍崇而轻天下士大夫邪?”咱们既然是好朋友，就应该对彼此说实话。我觉得咱俩各有优长。如果说在战争状态下跟敌人对垒，喑呜叱咤，气吞山河，我李密不如你杨玄感。可是如果说招纳天下英俊为我所用，人尽其才，你杨玄感不如我李密。咱俩各有长处，你怎么能因为你爸爸是个大官就轻视我呢?

杨玄感一听，哈哈大笑，赶紧认错，而且把李密的话深深地记在了心上。他有自知之明，知道自己在招贤纳士和知人善任方面不如李密，所以，决定起兵之后，第一时间就派人到大兴城去接李密了。

李密也是慷慨有大志的人，早就不耐烦安安稳稳过日子了，眼看着隋炀帝瞎折腾，天下露出动乱之象，他也不免跃跃欲试。现在，好朋友杨玄感居然挑头造反，李密也是兴奋莫名，二话不说，赶紧过来加盟。就在杨玄感起兵这个关键时刻，李密刚好赶到，简直是喜从天降！

军情紧急，两个人连寒暄都来不及，杨玄感就直奔主题了。他说："子常以济物为己任，今其时矣！计将安出？"你整天号称要以天下为己任，要救世济民，现在时机到了，你给我分析一下，咱们接下来该怎么办？

李密说："天子出征，远在辽外，去幽州犹隔千里。南有巨海，北有强胡，中间一道，理极艰危。公拥兵出其不意，长驱入蓟，据临渝之险，扼其咽喉。归路既绝，高句丽闻之，必蹑其后。不过旬月，资粮皆尽，其众不降则溃，可不战而擒，此上计也。"天子在外出征，与幽州尚且远隔千里，想要回来千难万难。现在最好的办法就是直奔蓟州（今北京一带），然后据守临渝关（今河北秦皇岛市抚宁区），切断隋炀帝回来的退路。这样一来，隋炀帝往前走有你杨玄感堵截，往后看有高句丽追兵，两路夹击，再加上没有军粮，不出十天半个月，必死无疑。这是上策。

听李密讲完所谓上计，杨玄感迟疑了一下，说：“更言其次。”你再告诉我一个比这个差一点的方略吧。

李密说：“关中四塞，天府之国，虽有卫文升，不足为意。今帅众鼓行而西，经城勿攻，直取长安（即大兴）。收其豪杰，抚其士民，据险而守之。天子虽还，失其根本，可徐图也。”如果不采取上策，关中地区四面都有要塞阻隔，土地肥沃，物产丰富，是天下的宝地，虽然有卫文升镇守，但也不足为虑。你应该率领大军，一路向西挺进，直奔大兴城，把隋炀帝的老巢端掉，招揽大兴城的豪杰之士，安抚那里的百姓，然后据险守住关中地区。这样一来，就算是隋炀帝回来，也是有家难归，很可能自行解体，这是中策。

杨玄感听了之后，又沉吟了一下，说：“更言其次。”你再说说比这个还差一点的方略。

李密说：“简精锐，昼夜倍道，袭取东都，以号令四方。但恐唐祎告之，先已固守。若引兵攻之，百日不克，天下之兵四面而至，非仆所知也。”如果不考虑中策，那就挑选精锐部队，昼夜兼行，袭击洛阳。但是，你这么大张旗鼓地造反，恐怕已经有人跑到洛阳报信了，因此洛阳很可能是有准备的。一旦有了准备，可就不好打了。如果百日之内打不下来，隋炀帝就会组织各路人马进行围剿，到时候可就胜负难料了，确切地说，失败的可能性更大些。因此，这是下策。

李密这三策可谓大局着眼，高屋建瓴，把战局说得清清楚楚，真是没白读了兵书。那么，作为主帅的杨玄感会选择哪种方案？

第二章 玄感败亡

杨玄感趁隋炀帝第二次东征高句丽，后方空虚之际起兵反隋。他在战场上连连得胜，队伍迅速发展到十万之众，但却在短短的两个月后落得兵败身死的结局。这戏剧性的转变究竟是如何发生的？杨玄感为什么从一呼百应走向了一败涂地？

一、旗开得胜

杨玄感采取的是下策。他说："今百官家口并在东都，若先取之，足以动其心。且经城不拔，何以示威！公之下计，乃上策也。"

杨玄感为何认为李密所出的下策是上策？

首先，百官的家口都在东都洛阳，一旦拿下洛阳，把这些人当作人质，就可以动摇隋炀帝的军心。

其次，如果我们连近在咫尺的洛阳都拿不下来，那还有什么威风可言，谁还跟我们再去打别处呢？

战略方向一旦确定，接下来就是具体战术问题了。杨玄感把手下士兵分成两路，直奔洛阳城而去。

第一路由他的弟弟杨积善率领，一共三千人，从偃师沿洛水向西推进。

第二路由他的另一个弟弟杨玄挺率领，一千多人，由白司马坂越过北邙山，向南推进。

此外，他还亲自率领三千兵马，作为杨玄挺的后援，跟着杨玄挺走。

大战在即，杨玄感这几路大军实力如何？一句话，样样不行。

首先，兵源不行，不是船夫，就是老百姓，都是临时抓来的，没有受过任何军事训练。

其次，装备也不行，按照史书的记载，他的这些士兵“皆执单刀柳楯，无弓矢甲胄”。每个人就是一把大刀，一个柳条编的盾牌，弓箭、铠甲统统没有，也就是说，既没有顶用的进攻用具，也没有顶用的防守用具。

就这么一支军队，能打赢吗？那就看跟谁打了。

他们的对手是谁呢？隋炀帝出征之前，派自己的孙子，也就是死去的元德太子的儿子越王杨侗驻守东都，但是，杨侗这时候还只是一个十岁的孩子，所以，真正主持工作的是民部尚书、东都留守樊子盖。此人在隋朝一直以清廉著称，曾经当过武威太守，治军也颇为严整。

杨玄感派两路大军进犯，樊子盖也派两路大军还击。其中，由河南县令达奚善意率领五千军队，抵抗杨积善；再由河南赞治裴弘策率领八千军队，抵抗杨玄挺。按道理，他们率领的都是正规军，装备精良，人数上也占优势，对抗杨玄感应该不成问题，但结果却让人大跌眼镜。

先看达奚善意这边，他一看见杨积善部队气势汹汹，居然不战而逃了，而且，不是一般意义上的撤退，而是狼狈逃窜，铠甲、兵仗都丢了一地。杨玄感这边正缺装备，立刻就都接收了过去。

再看裴弘策这边，他倒是和杨玄挺打了一仗，但也没打赢，最后还是丢盔弃甲地逃跑了，这样一来，杨玄挺这边的士兵也都用捡来的装备武装起来了。不过，就在他们捡装备的时候，裴弘策这边已经慢慢地收住了阵脚，又集结成一个军阵。这个军阵就在前面三四里地的地方等着杨玄挺。

在这个时候，整体形势依旧对官军有利。但杨玄挺毕竟是将门之子，颇有韬略。他一看官军已经在前面布上阵了，马上收住脚步，严禁自己的士兵往前冲，相反，倒是先让他们都坐下来休息。两军对峙，裴弘策的军队虎视眈眈地盯着杨玄挺。但是，盯来盯去，杨玄挺这边一直端坐不动，裴弘策那边的士兵逐渐盯得不耐烦了，越来越松懈。这时候，杨玄挺率军忽然一跃而起，冲杀了过去。裴弘策这边一路败退，一直退到洛阳城东边的城门太阳门。最后，裴弘策只带着身边的十几个人逃进了城里，其余七千多人，除了战死的，剩下的全都投降了杨玄感。

为什么隋朝官军这边兵源充足，武器精良，却打不过杨玄感手下那帮装备奇差的船夫呢？一言以蔽之，两边的士气不一样。杨玄感这边的船夫都是被隋炀帝强征来的民夫，怀着对隋炀帝的满腔怒火，所以造反既是自救，也是救人，当然士气旺盛。而官军这边其实也对隋炀帝颇为不满，和叛军观点倒基本一致，当然也就无心打仗了。

就这样，杨玄感依靠着民心民意，旗开得胜，不但很快就冲到了洛阳城下，而且军队的人数不断增加，装备也大大改善了。

这还不算，还有更好的事情等着杨玄感。大军压城，隋朝的一大批官僚子弟居然都投降了。怎么回事呢？说起来，这还算是东都留守樊子盖送给他的。樊子盖出生在南方，他爸爸那一辈逃到北齐，北齐灭亡之后又进入北周，给北周效力。后来，北周被隋朝灭亡，他又成了隋朝的官员；在平陈战争中立过功，又在凉州当过刺史，居官之处都以清廉著称；个人能力很强，很得隋炀帝的赏识。

大业六年（610），他到江都朝见隋炀帝，隋炀帝对他说："富贵不还故乡，真衣绣夜行耳。"你现在已经当上凉州刺史了，算是个大官。这是光宗耀祖的事情，为何不回家乡炫耀一番？为此，隋炀帝还专门赐给他六千石米面，让他到老家庐江（今安徽庐江）祭祖。这可是莫大的荣耀。

总而言之，樊子盖在隋炀帝面前颇为讨喜，所以隋炀帝才让他辅佐杨侗，留守东都。他对隋炀帝感恩戴德，也一心一意想要为朝廷出力。

问题是，他想出力，可东都官员并不买账。他出身不高，又不是一直在朝廷当官，不过是刚刚从凉州这么一个偏远地方调过来的空降兵，哪里来的威信！特别是败军之将裴弘策，本来品级和他差不多，更不甘心受他指挥。裴弘策刚打了败仗，本来心里就怯，这时候樊子盖又让他出战，他就拒不从命。怎么办呢？樊子盖为了严肃军纪，居然丝毫不讲情面，把他推出去斩了。这样一来，樊子盖的威风倒是有了，令行禁止，可他也把城外住着的那些隋朝官僚子弟吓坏了。

这些子弟的父祖都跟着隋炀帝出征去了，临走之前，把他们留在了洛阳周边的别墅里，其实也算人质。现在杨玄感作乱，这些子弟本来应该进城和樊子盖一起保家卫国才是。但是一看樊子盖杀人立威，这些人都怕了。樊子盖这个蛮子翻脸不认人，可别撞在他的枪口上，成了下一个刀下鬼！于是谁也不敢进去了。

既然不敢进去，那就投降杨玄感吧，反正杨玄感也是关陇贵族出身，这些官僚子弟之中不少人跟杨玄感的交情比跟樊子盖要好。互相攀扯着投降的一共四十多人，四大名将之一韩擒虎的儿子、隋初四大宰相之一观王杨雄的儿子、隋炀帝的宰相裴蕴的儿子、虞世基的儿子，还有水军大将来护儿的儿子都在其中。这样一来，杨玄感原来设想的通过控制官僚的儿子来扰乱隋炀帝军心的目的就达到了。

这还不算，随着战果的扩大，不光官僚的儿子投降了，官僚本身也投降了。投降的官僚之中，有两个人最为重要，一个是隋朝的内史舍人韦福嗣，还有一个是大将李子雄。

韦福嗣出身京兆韦氏，是当时数一数二的大族，和杨家又是世交，所以他一投降，杨玄感马上就把他任命为机要秘书，凡有大事都跟他商量。

李子雄在隋炀帝手下当过右武卫大将军，那是最高级别的武官了，属于难得的专业人才，所以，他一投降，杨玄感就把军事上的事情都托付给他了。有了这一文一武，杨玄感觉得自己手下人才济济，整个军队的士气也提振了不少。

眼看形势一片大好，杨玄感内心空前豪迈，真的升起一股为民请命、再造山河的豪情。他就在洛阳城的上东门外发表演说："我身为上柱国，家累钜万金，至于富贵，无所求也。今不顾破家灭族者，但为天下解倒悬之急，救黎元之命耳！"我作为上柱国，家有万金，不贪求什么富贵。现在不顾及被灭族的后果断然起兵，只是为了解民于倒悬啊！

一番话说到了痛处，老百姓也跟着热血沸腾，争着献上牛、酒犒军。洛阳周边子弟要求参军的每天都有一千多人。这样一来，杨玄感手下的士兵很快就发展到五万人，比开始起兵的时候严整多了。

二、隋军反击

杨玄感是不是能这么一直凯歌高唱下去？那还要看他下一步怎么走。此刻，他势力发展得很快，但是，那都是在洛阳周边，洛阳城可始终在樊子盖手里。此前交代过，一个小小的高句丽辽东城，因为修得比较坚固，隋朝几十万大军一个月都打不进去，何况是精心修筑的大隋东都洛阳！杨玄感猛攻了一个月，洛阳城还是壁垒森严。

这对杨玄感而言相当不利。因为就在他和樊子盖僵持不下的这一个月里，隋朝的各路救援大军从各个方向朝洛阳扑过来了。

第一路大军是首都大兴城的救援部队。当初，隋炀帝东征，让樊子盖辅佐越王杨侗留守洛阳，让刑部尚书卫文升辅佐代王杨侑留守大兴城。现在，卫文升听说杨玄感叛乱，立刻就率领七万大军直奔东都而来。

卫文升是个狠角色，路过杨玄感他们老家华阴的时候，先把杨素的坟给挖了，把杨素的尸骨也给扔出来烧了，这一方面是宣誓和杨玄感不共戴天，另一方面也是杜绝士兵投降。因为中国古代人讲究孝道，一个把你爸爸挫骨扬灰的人，就算投降也不能被原谅。这样一来，士兵断了投降这条路，只能和杨玄感拼命了。

从大兴城到洛阳要经过函谷关，当时有人就劝卫文升说，函谷关可是险要地方，万一杨玄感在这里设埋伏怎么办？我们不如持重一点，先让人探探消息再说。

卫文升说，杨玄感的本事我心里有数，他此刻一心攻城，不可能有伏兵函谷关的远略！所以我们无须观望，果断出关就是了。

果然，路上并没遇到杨玄感的伏兵。就这样，卫文升的大军成了率先赶来的一路。

第二路大军是来护儿的部队。杨玄感起兵的时候，谎称来护儿造反。这话传到来护儿耳朵里，可把他给气坏了。你小子自己谋反也就罢了，居然敢败坏我的名头！来护儿立刻召集将领，让他们做好准备，马上回师救援东都！问题是，当时他们的军队还在东莱海口待命，准备渡海攻打平壤，将领一听来将军要回师，都害怕了，纷纷说：如今皇帝陛下严厉，没有他的敕书，我们能随便乱动吗？

来护儿勃然大怒，厉声道："洛阳被围，心腹之疾；高（句）丽逆命，犹疥癣耳。公家之事，知无不为，专擅在吾，不关诸人，有沮议者，军法从事！"洛阳被围，这是心腹大患；高句丽违抗天命，只是癣疥一样的小病。国家有难，当大臣的就应该知无不为，怎能患得患失！这个决定是我做出的，和你们没有关系，一旦皇帝怪罪下来，我绝不连累你们。现在，如果有谁敢阻挠我，一律军法从事！当天就率领大军往回走了。

当然，来护儿也不是鲁莽之人，在开拔的同时，他又让自己的两个儿子赶紧去见隋炀帝，向隋炀帝禀明情况。这两位来公子见到隋炀帝，把来护儿的行动跟隋炀帝一说，隋炀帝真是喜出望外，立刻就给来护儿写了一封信，信上说："**公旋师之时，是朕敕公之日，君臣意合，远同符契**。"你回师的日子，正好就是我在这里发布敕令，让你回去救援的日子啊！看来咱们君臣情意相投，就好像符契一样吻合。总之一句话，这件事来护儿做对了！

就这样，因为来护儿不等敕命，当机立断，第二路大军也从东面进逼东都了。

第三路大军就是隋炀帝亲自统率的军队。隋炀帝一听说杨玄感造反，赶紧烧营回军，并派左翊卫大将军宇文述和左候卫将军屈突通火速先行，直扑洛阳。

屈突通也是关陇贵族集团成员，素以严厉著称，当时有个歌谣，叫作"**宁食三斗葱，不逢屈突通**"，宁可吃进去三斗大葱，也不愿意跟屈突通打交道。这样的恶人得多么令人畏惧！毫无疑问，从这首歌谣里就能看出来，屈突通绝非平庸角色。

这样，第三路大军又从北向南扑过来了。

这样一来，杨玄感就陷入最初起兵时李密所讲的那种四面受敌的境地了。那么，他能不能对付得了这些人？其实，别看杨玄感此前一直担任文职，但是，所谓将门有将，从小耳濡目染，他真是一个不错的将军，按照《资治通鉴》的说法，是“玄感每战，身先士卒，所向摧陷，又善抚悦其下，皆乐为致死，由是每战多捷”。杨玄感带兵打仗永远身先士卒，每次都说“弟兄们跟我来”，而不是“弟兄们给我上”。这样一来，弟兄们当然都乐于追随主帅。另外，杨玄感平日里对士兵也很不错，亲切和蔼，所以士兵都愿意给他卖命，因此打仗的时候总能获胜。这些优点，多像西楚霸王项羽啊！这样的将军，还是很有战斗力的。

卫文升最先前来救援，也最先感受到了杨玄感的威力，跟杨玄感一交战，马上损失惨重，手下士兵死伤大半。而杨玄感倒是越打越勇，手下人数都超过十万了。

可是，俗话说得好，好虎架不住一群狼。以杨玄感的勇猛，抵挡卫文升一支军队还可以，但很快，屈突通大军也到了黄河北面，马上就要渡河过来了。

在两面夹击之下，降将李子雄给杨玄感出了一个主意。李子雄说：“通晓习兵事，若一得渡河，则胜负难决，不如分兵拒之。通不能济，则樊、卫失援。”屈突通是个厉害角色，如果他渡过黄河参战，我们的麻烦就大了。所以，一定要把他挡在黄河北岸，不让他过来。怎么才能不让他过来？只有分兵。一支军队继续对付卫文升，另一支军队赶紧去拦截屈突通。当然，还得有一部分军队留下来包围洛阳城。

这种战略在兵法上叫围城打援，而且，是同时打两支援军，一支是卫文升，另一支是屈突通。

这个主意，不能说不好，算是在历史上久经考验的经典战术。但是它有个问题，杨玄感的兵力本来就不占优势，这样一分为三，兵力就更弱了。更何况，洛阳城里的樊子盖也不是傻子，他正指望着屈突通的援军，杨玄感想到打援，樊子盖能让他去吗？

果然，杨玄感打援的部队刚要开拔，樊子盖就立刻率领大军出城作战，而且屡战屡胜，把杨玄感牢牢地拖在了洛阳城下。

至此，所谓围城打援的计划也就没能实施得了，屈突通很快就渡过了黄河。这样一来，杨玄感这边的形势可真是危急了。这时候，李子雄又进了一言：“东都援军益至，我军数败，不可久留，不如直入关中，开永丰仓以振贫乏，三辅可指麾而定，据有府库，东面而争天下，亦霸王之业也。”现在各路援军都过来了，我们不能再死围着洛阳城，应该往关中走，到了关中之后，打开永丰仓来赈济百姓，奠定群众基础，接着我们就在关中地区盘踞下来，面向东方和隋炀帝争夺天下。

这不就是李密提出的中策吗？当初可是被杨玄感断然否决

掉的，现在，他若是再不走这一步，眼看就要被隋朝的各路官军包饺子了，所以，杨玄感二话不说，同意开拔。

问题是，怎么跟手下解释要放弃洛阳这件事？直接说我们打不过了，眼看就要被包饺子了，未免影响士气，杨玄感并不想这样做。这时候，李密给他出了一个主意。李密说：“**弘化（今甘肃庆城县）留守元弘嗣握强兵在陇右，可声言其反，遣使迎公，因此入关，可以给众。**”跟将士们不提我们打不过，只是说，甘肃那边也有人造反了，现已派使者迎接我们过去，所以我们得赶紧去扩大战果。这不就变被动为主动了吗？

杨玄感一听，很有道理，就这么宣传吧。

此前提到，卫文升从关中出来的时候，先到杨玄感的老家华阴扫荡了一圈，华阴杨家损失惨重。正好这时候，杨玄感在华阴的亲戚赶过来了，要杨玄感替他们做主。这样一来，杨玄感就顺理成章地把这些落难的亲戚说成是元弘嗣派来迎接他们的使者，然后宣布说：“**我已破东都，取关西矣！**”我已经攻破了东都洛阳，现在要去攻取西关了！于是率领大军，浩浩荡荡地往西进军。

三、兵败身死

杨玄感这时候再西进关中，形势怎么样呢？这时候形势已经很不乐观了。但是，在关东与关中（今河南和陕西）之间，有一个著名的关隘，一夫当关，万夫莫开，这就是潼关。如果杨玄感能够迅速进入潼关，再严防死守，不让关东各路大军入关，未来就仍然还有希望。但是，潼关东边的弘农郡又出了一件事，把杨玄感拖住了。

弘农有一个隋炀帝修的行宫，叫弘农宫。杨玄感率领大军来到弘农宫旁边的时候，路边忽然出现了一群百姓。这些人拦住杨玄感说："宫城空虚，又多积粟，攻之易下。"弘农宫防守特别空虚，而且里头粮食特别多，很容易拿下。

杨玄感一听不免动心，既有粮食，又有群众基础，还很容易得手，要不要打？杨玄感很难抵制住这一诱惑。

问题是，这些百姓是哪儿来的？虽然史书里没有记载，但是我怀疑，这批人根本就是弘农太守派来的！为什么这么猜测呢？因为当时的弘农太守名叫杨智积，是隋炀帝的堂兄弟。既然是宗室，当然爱国。所以，杨玄感还没有到的时候，他已经跟手下人讲过了："玄感闻大军将至，欲西图关中，若成其计，则难克也；当以计縻之，使不得进，不出一旬，可以成擒。”杨玄感听说朝廷大军将到，打算向西谋取关中。若是他这个计划成功了，我们再控制他就不容易了。所以我们应该设计牵制住他，让他没法向西推进。这样一来，不出十天，就可以把他抓住。

他的计谋是什么呢？我觉得，这百姓拦路邀兵，就是他的一步棋，这步棋的目的正是要诱惑杨玄感留下来。果然，杨玄感上钩了。既然已经上钩，杨智积就要走下一步棋了。

第二步棋是激怒杨玄感。杨玄感大军放缓了行军脚步，来到弘农城下，杨智积先登上城墙，对着杨玄感破口大骂。一时间，忘恩负义、势利小人这类羞辱性语言向杨玄感滚滚袭来，这还不算，杨智积不光骂杨玄感本人，连他祖宗八代都通通问候了一遍。杨玄感是当时第一号的贵族公子，素来骄傲自负，所谓士可杀不可辱，怎么能够容忍别人这么羞辱他，当即下令大军停止前进，进攻弘农！

他这个命令一出，李密可看出了危险，立马苦谏。李密说：“公今诈众西入，军事贵速，况乃追兵将至，安可稽留！若前不得据关，退无所守，大众一散，何以自全！”杨将军，我们可是骗将士们说有人在关中迎接我们，然后才一路星夜兼程赶来的，骗人不可长久，得在整个事情被揭穿之前赶紧进关才是，所以无论如何，我们都不能逗留。另外，就算不考虑骗人的事，我们后边不是还有追兵吗？万一我们在这儿逗留下去，追兵很快就会赶上来，到时候我们进不了潼关怎么办？一旦前后夹击，大军溃散，那您也罢，我也罢，还能自全吗？

这一番话，从军心说到形势，说得再透彻不过了。可是，杨玄感已经被愤怒冲昏了头脑，哪里听得进去，给李密的回答就两个字——攻城！

攻城在古代极端艰巨，杨玄感既没有云梯，也没有冲车，只能火攻。他率领大军冲到弘农郡的城门下，放起火来，想要把城门烧开，然后率领大军冲进去。

他这边放火，杨智积那边怎么办？杨智积真是个聪明人。你在外面放火，我在里面也放火。而且添油添柴，让火烧得特别旺。他这一招，其实也是火攻，就算是你把城门烧坏了，面对城门里熊熊燃烧的火墙，也不敢往里闯，否则就成了自焚了。

就这样，眼看着弘农城门的大火烧了三天，杨玄感心头的怒火倒是逐渐熄灭了。他也知道自己中计了，赶紧放弃弘农，接着往西走。可是，到这时候再走，已经晚了。就这三天的时间，宇文述、屈突通、来护儿、卫文升“四大天王”已经追了上来。

就在皇天原（今河南灵宝西），杨玄感的大军和四路官军对峙上了。双方布阵长达五十里。眼看着乌泱泱涌上来的各路官军，杨玄感这边的气势先不行了。有道是兵以气胜，气势一衰，这仗就没法打了，一天之内，杨玄感连吃三个败仗。

且战且走，到八月初一，双方又在董杜原摆开了决战的阵势。此时杨玄感只有一路人马，官军可是分为四路，四路合围一路，怎么谋篇布局都容易。这样一来，这一仗的结果也就毫无悬念了，杨玄感惨败，只剩下十几个骑兵，跟他一起往上洛方向（今陕西商洛）跑去。

杨玄感一跑，隋朝的官军当然得追，眼看就要追上了，杨玄感回过头来，喑呜叱咤，声音有如雷鸣闪电一般，居然把追兵吓得落荒而逃，真是英雄本色！

问题是，这种喝断当阳水倒流的气势只能吓人于一时，不能吓人于一世。走到这一步，杨玄感也知道，自己不行了。眼看着队伍越走越少，最后，只剩下杨玄感和弟弟杨积善两个人了。杨玄感长叹一声，对弟弟说："我不能受人戮辱，汝可杀我！"

杨积善和哥哥想的一样。他二话不说，手起刀落，杨玄感委地而亡。看着兄长已逝，杨积善也要自杀，但这时候官军已经追上来了。杨积善一急之下，未能一刀刺中要害，被官军活捉，连同杨玄感的尸体一起，被押送到东都洛阳。

就这样，杨玄感起兵历时两个月，终告失败。

杨玄感为什么会失败？他的起兵，又给隋炀帝的统治带来怎样的影响呢？

第三章 炀帝失策

杨玄感起兵虽以失败告终，却拉开了隋朝灭亡的序幕。这场仅维持了两个月的兵变，为什么会有这么大的影响力？打败了杨玄感的隋炀帝，是否能够意识到自己胜利的真正原因？在杨玄感兵变的背后，究竟还潜伏着哪些危机？

一、兵败原因

杨玄感起兵可不是一般的农民造反，他是来自统治集团内部的反戈一击，所以，它的意义也就不仅仅是让隋炀帝二征高句丽功败垂成，还意味着隋朝末年从内到外的动乱的开始。

据史书记载，隋炀帝在这件事之后深受打击，曾经当众呜咽流涕。如此示弱，可是他当皇帝以来的第一次。

既然如此，如果隋炀帝是一个会反思、负责任的皇帝，他就应该想一想，为什么杨玄感能反得起来？还有，为什么杨玄感造反会失败？只有把这两件事想清楚了，才能知道到底应该采取什么措施来避免此类事情再度发生。

为什么杨玄感能够起兵？其实很简单，除了他的家仇和个人野心之外，很大程度上还是利用了当时老百姓反对隋炀帝暴政的情绪。

自从隋炀帝征讨高句丽以来，老百姓苦不堪言，不是兵役就是徭役，各种征发无休无止，特别是离战场比较近的东部地区，更是成了重灾区。

正因为有了这样的群众基础，所以杨玄感才能登高一呼，应者云集，很快把军队从一万发展到十万。也正因为有这样的基础，杨玄感才能率领着用大刀和柳条盾牌装备起来的船夫打败装备精良的官军。杨玄感起兵顺应了民心、民意，这一点，在历史上应该是没有争议的。

既然如此，为什么杨玄感起兵又会以失败告终？这就有不同的解释了。其中有一个最经典的说法认为，杨玄感失败的关键原因在于他没有听李密的计策。李密给他出了上、中、下三策，他没有选择上策，直扑涿郡、渔阳郡，占据临渝关，截断隋炀帝的归路；也没有选择中策，占据关中，端掉隋炀帝的老巢；而是选择了下策，就近去攻打东都洛阳，结果洛阳城没有拿下来，他反倒被各路官军包围，最后落得兵败身死。总之一句话，为什么失败？就是因为杨玄感太笨。

是不是这样呢？虽然古往今来，很多人都这样考虑，但是我认为，事情绝非如此简单。研究历史也罢，理解历史也罢，最重要的方法无非是设身处地思考问题。设身处地想一想，在杨玄感起兵的时候，有没有可能直扑涿郡或者直奔关中？那是不大可能的。

第一，无论是涿郡还是大兴城，距离杨玄感起兵的黎阳都有千里之遥。杨玄感最初起兵的时候，只有不到一万人的队伍，而且，这一万人还都是临时拼凑的，既没有任何战斗经验，也没什么正经的装备，这样的军队，怎么可能冲州过府，千里奔袭那么遥远的目标？恐怕在路上就得散掉。

第二，就算这支军队没有在路上散掉，它还面临着一个大难题——攻打涿郡或者大兴城。李密给杨玄感出的主意中，无论是袭击涿郡，还是占领关中，都是建立在突然袭击，敌人没有防备的基础之上的。问题是，一支军队转战千里，总要一个月以上的时间，对手怎么可能全无防备？一旦有了防备，涿郡也好，大兴城也罢，都是不容易攻下的。

特别是大兴城，那是隋朝花大力气建造的首都，隋炀帝二次东征之前，还特地征调十万民夫又把城墙加固了一遍，比洛阳城还要坚固。只是城墙坚固也就罢了，大兴城守军也特别多。前文讲过，卫文升听说洛阳被围，马上抽调七万大军前来救援。这意味着大兴城的守军至少在十万以上，这样坚固的城池，再加上十万大军，杨玄感怎么可能攻得下来？最后还不是落得和打洛阳一样的下场？

第三，也是最重要的，杨玄感手下那些士兵，在最初起兵的时候有没有可能跟着他去攻打涿郡或者大兴？根本不可能。他们都是黎阳的百姓，并没有什么走南闯北的经历，古代资讯又不发达，像什么大兴城、涿郡城，他们可能都没听说过，更不知道在什么地方。让这些安土重迁的农民抛家舍业，去进攻一个他们都没听说过的地方，这怎么可能？恐怕没上路就开溜了。

但是洛阳不一样。自古以来，洛阳就是整个东部地区的中心，对于这些生活在古代所谓的山东地区，也就是今天河北、河南、山东一带的老百姓来说，洛阳是他们耳熟能详的地方，也是他们心目中的政治中心，对于他们来说，打下洛阳就意味着胜利，而且，也只有打下洛阳才意味着胜利。这一点，作为大军统帅的杨玄感其实是心知肚明的。他为什么不同意李密的上、中两策，非要用下策，道理就在这里。换句话说，所谓李密三策，貌似天花乱坠，非常高明，但其实仅仅是一种理论构想而已，缺乏可操作性。在当时，打洛阳是杨玄感唯一能做的选择，既然如此，所谓不选上策选下策，也就不是杨玄感失败的关键因素了。

既然不存在所谓的战略失误，为什么杨玄感会失败？还有一种常见的解释就是用人不当。杨玄感开始的时候任用李密，自从韦福嗣和李子雄这两个重量级官员投降之后，杨玄感就逐渐把重心放在他们两个身上了。

问题是，韦福嗣是个首鼠两端之人。当初，杨玄感俘虏了他，他没有办法，暂且跟了杨玄感，但是，他并非一心一意替杨玄感谋划，而是身在曹营心在汉，凡事预留后路，总想着万一官军得胜，自己也可以洗刷干净，李密是聪明人，早就看出来了韦福嗣的用心，曾经私下跟杨玄感建言：“福嗣元非同盟，实怀观望；明公初起大事而奸人在侧，听其是非，必为所误，请斩之！”韦福嗣跟我们本不是一路人，他虽然人在我们这边，但怀有观望之心。您刚刚开始谋划大事就让这样的奸人在侧，听他的胡言乱语，这不是福气，而是祸害！依我之见，还不如把他斩首了事。

李密建议杀韦福嗣。那么，杨玄感听没听他的意见呢？并没有听。非但没听，杨玄感还觉得李密心存嫉妒，所以，只回了一句："何至于此！"就不理李密了。

这种回应气得李密扼腕叹息，回去就跟自己的死党讲："楚公好反而不欲胜，吾属今为虏矣！"杨玄感喜欢造反，但是又不想取胜，我们这些人就要做俘虏了。

韦福嗣如此，李子雄又如何呢？李子雄倒是没有首鼠两端的问题，但是，他的脑子不够灵光。

举一个例子。就在隋朝的各路援军都已经逼近洛阳，杨玄感四面楚歌的情况下，杨玄感去请教李子雄下一步的方略，李子雄给出的意见居然是请杨玄感赶紧当皇帝！

杨玄感倒不是不愿当皇帝，但总觉得这个时候当不大合适，就又去问李密。李密说："昔陈胜自欲称王，张耳谏而被外；魏武将求九锡，荀彧止而见诛。今者密欲正言，还恐追踪二子；阿谀顺意，又非密之本图。何者？兵起以来，虽复频捷，至于郡县，未有从者；东都守御尚强，天下救兵益至，公当挺身力战，早定关中，乃亟欲自尊，何示人不广也！"过去陈胜想自立为王，张耳进谏，结果被疏远；魏武帝曹操想谋求九锡，荀彧阻止他，结果被杀害。现在李密我想进言，也怕步这两个人的后尘啊！可是，阿谀奉承，也劝您称帝，又不是我李密的本意。为什么不能称帝呢？咱们起兵以来，虽然屡战屡捷，却没有归顺的州县。洛阳守御森严，天下的救兵接踵而至，在这种情况下，您应该奋力战斗，早日平定关中，怎么能先想当皇帝呢！真要这么做，只能让天下人觉得您气量狭小，只为自己打算了！

其实，仅凭这一点，就能看出李子雄和李密的差距了。且不说当时军事形势紧急，根本不是称帝的时候，只从争取舆论的角度考虑，也不应该称帝。要知道，杨玄感起兵以来，就是依靠只反隋炀帝，不反隋朝，废昏立明、解民倒悬这样的口号才赢得了老百姓的拥护。现在这么早就要称帝，暴露改朝换代的个人野心，这不是自挖墙脚吗？李子雄出这样的馊主意，可见境界不高，能力也不强。

这样看来，用这两个人当谋臣，确实是杨玄感的丢分项。那么，用人不当，是不是杨玄感失败的主要原因呢？也不是。因为杨玄感起兵一共两个月，这两个月来，韦福嗣和李子雄给他出的主意其实并不多，而且也并非所有的主意都是馊主意。既然并未掌握战争主导权，把失败的责任都推到他们身上，显然不合适。

那么，杨玄感到底为什么失败？根本问题恐怕在于杨玄感反得并不是时候。当时，隋炀帝固然是忙于对外战争，整天征发兵役劳役，让老百姓吃尽了苦头，老百姓也确实想造他的反，但是，统治集团内部还比较稳定，官僚队伍基本上并不反对隋炀帝。举两个例子就明白了。

第一个，杨玄感刚刚造反的时候，有一个著名的儒生——治书侍御史游元在黎阳和他一起督运军粮，杨玄感劝他一起造反，还动员他说，我这是“帅义兵，以诛无道”，你追随我，不要有任何心理障碍。游元怎么回答他呢？游元讲：“尊公荷国宠灵，功参佐命，高官重禄，近古莫俦，公之弟兄，青紫交映，当谓竭诚尽节，上答鸿恩。岂意坟土未干，亲图反噬，深为明公不取，愿思祸福之端。仆有死而已，不敢闻命。”杨公，你爸爸杨素可是受国重恩，近代以来，没有谁比他的官大，也没有谁比他钱多。你们杨家兄弟都在朝廷里做着大官，朝廷对你们杨家不薄啊！你正应该竭尽全力，报效国家。现在，你爸爸坟上的土还没有干，你怎么就造反了呢？我觉得你根本不应该这样办。至于我，要想让我跟你一块儿造反，对不起，我宁死不从。游元骂杨玄感忘恩负义，誓死也不肯追随他，很能体现官员的基本态度。

第二个，杨玄感原本设想，如果能够把官员的子弟作为人质，就可以扰乱军心，然而事情的发展并未如他所愿。来护儿的儿子投降了杨玄感，但是，来护儿照样率领大军讨伐杨玄感，一点儿都没有手软。可见，在家和国发生冲突的时候，大多数官员还是选择了忠于国家，忠于皇帝，这说明他们对国家和皇帝还是有信心的。这一点，当时的有识之士看得相当明白。

当初，隋炀帝刚刚从辽东前线回来平叛的时候，曾经迫不及待地问太史令庾质：“**玄感其有成乎？**”你觉得杨玄感造反会成功吗？

庾质回答说：“**玄感地势虽隆，素非人望，因百姓之劳，冀幸成功。今天下一家，未易可动。**”杨玄感虽然门第很高，但他本人在官僚之中的声望并没有那么高。他现在之所以能够发展到这么大的势力，是因为老百姓确实是太困苦、太劳累了，所以才会群起响应他。不过，虽然有老百姓的响应，但现在天下一家的局面还在，所以杨玄感不太容易成功。

这番话的中心意思就是说，杨玄感起兵造反并没有得到官僚队伍的认可。所谓堡垒最容易从内部攻破，如果统治集团内部还比较稳定，想要打败这个政权还是相当困难的。杨玄感只是看到了百姓骚动，就以为可以造反，这其实是误判形势。事实上，当时造反的时机根本不成熟，因此，他选择上策也罢，选择下策也罢，用李密也罢，用韦福嗣也罢，恐怕都难以改变兵败身死的命运，这才是他失败的关键。

如果隋炀帝能够反思这两个问题，他就应该知道接下来该怎么办了。既然杨玄感能够起兵是因为老百姓已经不堪忍受暴政，那么，以后就应该尽可能地施行仁政，缓和社会矛盾；既然杨玄感失败是因为统治集团依然心向皇帝，那就应该在这个基础上进一步对官员推心置腹，凝聚人心，逐步弥合因为杨玄感叛乱引起的内部分裂。只有在这两个方面齐头并进，才能够避免这类事情再度发生。

二、隋炀帝对策

那么，隋炀帝是不是这样考虑的呢？非常遗憾，隋炀帝根本没有这样思考经验教训，也根本没有采取上述两种措施。恰恰相反，他对官员也罢，对百姓也罢，都采取了完全错误的做法。

先看官员。杨玄感叛乱之后，隋炀帝对待涉案官员严惩不贷。叛乱刚一结束，隋炀帝就成立了以御史大夫裴蕴和民部尚书樊子盖为首的专案组，专门审理涉案官员。

这两个人审案都有特点。裴蕴的特点在于既不看事实，也不看法律条文，只看皇帝脸色。樊子盖的特点则是冷酷无情，心狠手辣。把案子交到这两个人手里，其实也就意味着，隋炀帝要抛开法律条款，重判、重罚。举两个人的例子为证。

第一个，杨玄感本人。他已经被弟弟杨积善杀死了，运回来的时候，已然是一具尸体，但是，就算是尸体，隋炀帝也不放过。他先把杨玄感的尸体五马分尸，再把这些尸体的碎块儿陈列在街头整整三天，又把碎块剁成肉酱，最后一把火焚烧了事。要知道，隋朝的法律中最重的处罚是斩首，根本就没有五马分尸这一类酷刑。可隋炀帝不按照法律办事，又把这些老早就废除的酷刑捡了起来，这不仅仅是从重处理，更是法外施刑。

事实上，不光是首犯杨玄感被处以极刑，杨玄感的几个弟弟，无论有没有参与叛乱，也全部被杀光。可怜杨素为隋炀帝做了那么大的贡献，最后因为杨玄感叛乱，终致断子绝孙。

第二个，杨玄感的军师韦福嗣。杨玄感毕竟是首恶，让隋炀帝二征高句丽的大业泡汤，损失难以估量，隋炀帝发泄一下怒火也情有可原。问题是，隋炀帝残酷对待的，可不只是杨玄感一个。杨玄感的军师韦福嗣罪行没那么重，对他的处理仍然是挫骨扬灰。

韦福嗣当初给杨玄感当军师的时候，本来就是身在曹营心在汉，所以，一到杨玄感解除对洛阳的包围，率军西走的时候，他就脚底抹油，开溜了。主动到洛阳城投案自首，希望坦白从宽。在洛阳关了一阵子，杨玄感兵败后，又从洛阳被押往隋炀帝驻跸的高阳受审。当时，李密他们这些顽抗到底的人也已经被抓住了，韦福嗣就跟他们一块儿押送。

李密是个明白人，他知道，只要被押到高阳，一定不得好死，所以，在路上，就跟押送他的狱卒攀上了交情，把几个同案犯身上的金银全都搜罗到一起，打点狱卒，还经常请狱卒喝酒。喝来喝去，和狱卒喝出了感情，狱卒对他们的管理也就越来越不严格。

有一天，李密把狱卒都灌醉之后，居然穿墙逃跑了，而且叫韦福嗣跟他一起跑。然而韦福嗣没有跑，他说，我跟你不一样，我并非主动造反，而是被迫跟从杨玄感的，即使在杨玄感手下的时候，我也没少替朝廷考虑，从来没有认真给杨玄感出过什么主意。更重要的是，我是在杨玄感兵败之前就主动投案自首的，所以，就算到了高阳，我也不怕，皇帝顶多是骂我两句罢了，然后该怎样怎样，我何必冒险逃跑，落得个不忠不义的罪名？于是就规规矩矩地到了高阳。

到高阳之后，隋炀帝是不是像他想象的那样对他从宽处理了？才没有。隋炀帝把韦福嗣替杨玄感写的劝降书放在了他的面前。那上面清清楚楚写着“废此淫昏，更立明哲”，连这样大逆不道的话都敢说，你还想活着，笑话！

隋炀帝一声令下，韦福嗣就被绑在了一个木头杆子上，又在头上套上车轮，固定住。随后隋炀帝下令文武百官一起朝他放箭，一时间箭如雨下，把韦福嗣射得浑身像刺猬一样。这还不够，射完了箭，也把他五马分尸，挫骨扬灰。

本来韦福嗣是胁从犯罪，又是主动投案，还抵制住了半路逃跑的诱惑，其实就是希望能够得到宽大处理，现在居然落得和杨玄感一样的下场，这就不免让人感到冤枉了！

可能有人会觉得，韦福嗣毕竟是杨玄感的军师，帮杨玄感写了那么多宣传品，把隋炀帝骂得体无完肤，隋炀帝生气也难免。问题是，还有很多人并没有参加叛乱，只是因为跟杨玄感关系不错，也被砍了头。

杨玄感号称礼贤下士，好多读书人都跟他交了朋友。这些人也就是跟杨玄感喝喝酒、写写诗的交情，叛乱的时候，连杨玄感都没想起他们，也没让他们参加。现在倒好，隋炀帝把他们一一追查出来，处死的处死，戍边的戍边，这些人才真是比窦娥还冤。

隋炀帝这样做对不对呢？一言以蔽之，大错特错。要知道，杨玄感造反这件事，是关陇贵族集团内部的一次重大分裂，涉案人员比较多，影响力也比较大，本来就非常敏感。说到底，隋炀帝还是靠着统治集团对他的拥护才打败了杨玄感，所以，他的所作所为，都应该是以进一步团结这些人为目的。

隋炀帝如果明智，就应该尽量装糊涂，缩小打击面，大事化为小事，小事化为无事，这才能够彰显皇帝的胸怀，逐渐安定人心，弥合统治集团内部的裂痕。

但是，隋炀帝的所作所为恰恰相反。他该糊涂的地方不糊涂，该怀柔的地方不怀柔，无论主犯从犯，一律严惩不贷，看起来好像是威风八面，颇有震慑作用，其实，这是把好多本来可以团结的人都推到敌对方去了。

有道是“水至清则无鱼，人至察则无徒”。本来，杨玄感叛乱已经把统治集团撕开了一个口子，现在隋炀帝不仅不努力把这个口子缝起来，反而还把这口子继续往大里撕，这不是大错特错吗？

再看对老百姓。杨玄感之所以能在起兵之初取得那么大的成绩，很大程度上是因为老百姓受不了隋炀帝的兵役、劳役，所以才追随杨玄感造反的。隋炀帝如果明智，就应该吸取教训，尽量安抚百姓才是。

怎样才能安抚百姓？一方面，当然要减轻对老百姓的压迫，这是普遍性的做法；另一方面，还要尽量对参与这次叛乱的老百姓从轻发落，充分释放诚意，才能缓解矛盾。

然而，到这个时候，“怀柔”这个词早就不在隋炀帝的词典之内了。他采取的措施根本不是缓解矛盾，而是进一步激化矛盾。杨玄感叛乱之后，隋炀帝让裴蕴、樊子盖组成专案组，专案组的工作方针，隋炀帝跟裴蕴说得清清楚楚。他说：“玄感一呼而从者十万，益知天下人不欲多，多即相聚为盗耳。不尽加诛，无以惩后。”为什么杨玄感能够纠集那么多人？就是因为天下人太多了。人多就会造反，所以，还是别要那么多人好，干脆把造反的人一律杀掉，也好惩前毖后。

一个皇帝，一个在儒家话语体系里本该子育万民的大家长，居然说出这样的话来，这不是反人民吗？

裴蕴他们一看皇帝这个态度，那就大开杀戒吧。凡是跟杨玄感有牵连的，一律砍头抄家。到底什么叫跟杨玄感有牵连呢？杨玄感围攻东都的时候曾经开仓放粮，凡是从他那里领过米的，就算是跟他有牵连，一律抓起来活埋。

那么，他们一共杀了多少人？据史书记载达到三万多人，流放的还有六千多人。《老子》说：“民不畏死，奈何以死惧之。”做皇帝的如此不把老百姓的生命当一回事，老百姓造反的心只会越来越盛。

本来，自从隋炀帝准备攻打高句丽，太行山以东地区就已经出现了起义的队伍，到杨玄感叛乱之后，起义队伍的数量和规模一下子扩大了不少。东到山东，西到宁夏，北到河北，南到江淮，到处都有人造反，而且很多造反队伍都达到了十万人以上的规模，原来的星星之火，慢慢开始有了燎原之势。按照《隋书·食货志》的说法，就是“举天下之人，十分九为盗贼”。全天下的老百姓，十个中有九个是盗贼（起义军），这不是全民皆反吗？

这样一来，因为杨玄感起兵造成的影响，更因为隋炀帝接下来的处置失当，隋朝官员的离心倾向不断加剧，老百姓的造反规模也越来越大，天下大乱，已经初露端倪。

当初，隋炀帝刚刚接到杨玄感造反的消息时，非常害怕，就把老宰相苏威叫到大帐之中，问他：“此儿聪明，得无为患？”杨玄感是一个聪明人，他造反是不是一个很大的祸患？

苏威说：“夫识是非，审成败，乃谓之聪明，玄感粗疏，必无所虑。但恐因此浸成乱阶耳。”什么叫聪明？审时度势才叫聪明，杨玄感现在造反，其实就是不会审时度势，所以也谈不上聪明，成不了什么气候。我只是怕他成为祸根罢了。

现在看来，老宰相的担心非常有道理。

接下来，隋炀帝是会尽量挽回局面，还是会沿着错误的道路越走越远呢？

第四章 三征高句丽

在公元612年、公元613年两次东征高句丽失败以后，不服输的隋炀帝又在公元614年发起了第三次对高句丽的战争，与前两次相比，这一次隋朝的军队士气最差，失败似乎已成定局，但事实上战争却进行得异常顺利。这是怎么回事？战争的胜利，能否化解隋朝社会的危机？

一、三征高句丽

前文提到，杨玄感兄弟以及军师韦福嗣，都是被拉到高阳处决的。为什么不到大兴城，不到洛阳，单单要拉到高阳处决呢？因为隋炀帝当时就驻跸在那里。隋炀帝从辽东撤军回来，既不回大兴城，也不回东都洛阳，一直驻跸靠近涿郡的高阳，这说明他东征的心没有死，他还想继续打高句丽。

果然，就在转过年来的大业十年（614）二月，隋炀帝又一次召集文武百官，商量再次讨伐高句丽！这一次，文武百官是什么态度？《资治通鉴》记载了一句话："数日，无敢言者。"讨论了好几天，没人说话。

在中国古代的语境下，没人说话，其实就是不同意。

官员们为什么不同意？因为到这个时候，整个国家的局面已经相当混乱了。全国各地到处都有老百姓造反起义。其实，从大业七年（611）隋炀帝准备打高句丽的时候，隋末农民大起义就已经拉开了帷幕。大业七年（611），隋炀帝在山东地区征兵、征夫，一时之间民不聊生，山东地区（指广义的太行山以东）就首先扯起了造反的大旗。当时有一个叫王薄的人自称知世郎，在长白山造反。这个长白山，不是位于吉林省的长白山，而是今天山东邹平市的一个山头。他还编了一首《无向辽东浪死歌》。歌中唱道：“**长白山前知世郎，纯着红罗锦背裆。长矟侵天半，轮刀耀日光。上山吃獐鹿，下山吃牛羊。忽闻官军至，提刀向前荡。譬如辽东死，斩头何所伤！**”我是长白山前能够预知时局的知世郎，我身着红罗做成的锦背裆，一身打扮光鲜漂亮。我举起长矟，矟尖刺破长天；我抡起大刀，刀锋辉映日光。我上山擒拿獐鹿，下山宰杀牛羊。一旦官军到来，我也挥刀就上。这样就算死去，好歹也过了几天快活时光。跟战死在遥远的辽东相比，又有什么值得悲伤！

这首歌越传越广，一时之间成了当时山东地区的流行歌曲。此后，随着战争负担加重，起义也越来越多。但是，在杨玄感造反之前，相对来讲，这些起义军境界都不够高，基本思路都是逃避兵役，啸聚山林，过几天大块吃肉、大碗喝酒的日子，活一天算一天，没什么更高的追求。

但到杨玄感起兵之后就不一样了。连隋炀帝的亲信都来造他的反，天下人一下子看到了推翻隋朝的希望。农民造反不仅规模越来越大，而且有人公然表示，要称王当皇帝了。所谓天无二日、国无二主，隋炀帝现在是皇帝，你再称皇帝，那就是跟隋政权势不两立，这个目标，可远比大块吃肉、大碗喝酒有杀伤力，让官员很是恐慌。

所以，当时官员的主流想法就是休养生息，先安抚造反者，解决国内问题。现在国内都乱成一团了，哪还有心思去打远在辽东的高句丽！所以他们不同意。

既然不同意，为什么不说出来呢？因为不敢。如前所述，隋炀帝是个刚愎自用的皇帝，曾经亲口讲过不喜人谏。这句狠话可绝不是单纯的威胁，高颎、贺若弼、薛道衡等一系列老臣，不就是因为出言不慎，被他杀死的吗？这样老资格的官员都说杀就杀，把其他官员的胆子早都吓破了，所以，高颎等人死后，基本就无人再敢提不同意见了。

官员们心里不同意，也不敢说不同意，只能集体沉默下来。隋炀帝连着问了几天，朝堂里始终一片沉默。

按道理讲，沉默本身就是一种态度。大臣都不说话，隋炀帝也就应该知道他们的基本意见了。那么，他会不会尊重他们的意见，改变一下自己的想法？隋炀帝才不会。他是一个自视甚高的人，眼里一贯只有自己，没有别人。此前，他大兴土木也好，巡视四方也好，大臣中也总有不同意见，他照样做了，而且效果挺好，这让他觉得只有自己才是天才，别人都是傻子，傻子的意见根本不值得重视。

再说，如果这时候放弃讨伐高句丽，那就等于认输了。隋炀帝如此骄傲，怎么可能轻易认输？何况，二征高句丽输得太冤枉了，真是功败垂成，在这种情况下认输，他也不甘心。所以，无论如何都要再打一仗，把局面扳回来。

细细想来，这其实已经不是一个理性政治家审时度势、能屈能伸的心理了，而是一个赌徒的心理，输得越多就越想赌，一定要把赔掉的本钱都捞回来！

所以，尽管群臣一片沉默，隋炀帝还是一意孤行。就在大业十年（614）二月二十日，隋炀帝下诏："**黄帝五十二战，成汤二十七征，方乃德施诸侯，令行天下。**"连黄帝和成汤那样的古圣先贤也不是一次就取得成功的，我们两次东征失败也算不了什么。现在，为了完成大业，我要第三次亲征高句丽！

二、不败而败

隋炀帝一下令，立马，全国再一次动员起来。士兵和民夫又纷纷从全国各地齐集涿郡，向辽东进发。

那么，这一次东征，跟前两次相比，有什么区别呢？最明显的区别就是士气差了。

第一次东征的时候，士兵编队出发，一天一队，跟参加嘉年华似的，就差唱着歌去了。

第二次东征虽然已经知道了厉害，没那么兴高采烈，但是大军开拔，也还算顺利。

到第三次，局面就完全不一样了。士兵的家乡都已经乱了套，谁还有心思到辽东打仗？整天想着怎么开小差，往回溜。按照《资治通鉴》的说法，就是“**士卒在道，亡者相继**”，一路上逃跑的士兵络绎不绝。

隋炀帝可不能容忍这种局面，一定要警示一下逃亡者。三月二十五日，隋炀帝一行到了临渝宫（今河北抚宁）。在这儿，隋炀帝亲自穿上戎装，搞了一个祭祀黄帝的大典。当年黄帝大战蚩尤，开创基业，现在，隋炀帝想通过祭祀这位远古的胜利者来显示自己的必胜决心。祭祀黄帝跟警示士兵有什么关系呢？隋炀帝专门造了一面大鼓，把抓回来的逃亡者斩首，用人血涂到鼓面上，然后敲响大鼓，号令三军。

这场面够血腥、够恐怖吧？然而照样没用。士兵该逃还是逃，而且越逃越多。今天这个编队没人了，明天那个编队没人了，越往前走士兵越少。隋炀帝一路走还得一路抓逃兵，行军速度越来越慢。前两次讨伐高句丽都是四月份就推进到辽河，但是这一次，直到七月中旬，隋炀帝才到了辽河旁边的怀远镇（今辽宁辽中区）。

要知道，高句丽位于东北亚地区，战争受到天气的严重制约。一般来说，一定要在春天霜冻期结束到夏天雨季到来之间进行，否则运兵运粮都会受困。辽东地区几月结束霜冻？四月。几月开始集中下雨？八月。这样一来，一年之中，其实只有四月到八月这四个多月的时间可以打仗。可是现在，隋炀帝七月中旬刚到前线，这仗不就没法打了吗？

然而凡事都有意外。本来，三次出征中，就数这次情况最差，但若论结果，却偏偏就是这次打得顺利。前两次征讨高句丽的时候，隋朝大军一向是水陆并进，这次也是如此。水军统帅来护儿先从海路登陆辽东半岛，一举占领毕奢城（今辽宁大连北边）。高句丽派军迎战，被来护儿打得大败。接下来，来护儿就要按照原定计划，向高句丽的首都平壤推进了。正在这时候，形势发生了戏剧性的变化。

高句丽的国王高元居然决定不打了，遣使请降，而且，还把大业九年（613）因为杨玄感叛乱投降高句丽的隋朝将领斛斯政五花大绑地押到了辽东城下，算是投名状。

高句丽守城何等顽强，怎么忽然软下来了？很简单，它也打不起了。战争是最消耗实力的事情，隋朝如此强大，两次仗打下来，尚且民不聊生，举国造反；高句丽一个小国，经历了两轮打击，可想而知，受到的损失有多大。再坚持下去，它也要亡国了。所以，尽管这次隋朝的声势不如前两次，那也是瘦死的骆驼比马大，而高句丽就好比一匹瘦马，已经奄奄一息，再跟隋朝这只病骆驼赛跑下去，必死无疑。在这种情况下，国王高元审时度势，干脆投降了。

高句丽几乎是不战而降，隋炀帝又是什么反应呢？按道理讲，不战而胜正是隋炀帝最初的追求，他应该高兴才是。但是，付出如此沉重的代价，劳民伤财地打了三次，最后居然没能亡其国、擒其主，而是就在边境讲和，这其实又让隋炀帝很不甘心。

到底接不接受呢？思来想去，隋炀帝还是接受了。毕竟，眼看着国内动荡、士兵逃亡，时间又一天天耗下去，隋炀帝对打赢这场战争也没什么把握。既然高元请降，正好就坡下驴，接受投降，也算有一个交代了。就这样，隋炀帝下令各路大军停止进攻，接受投降，班师回朝！

隋炀帝要班师，对于整个隋朝军队来讲其实是一件好事。但是，水军总指挥来护儿可接受不了。来护儿是个将军，习惯用比较单纯的军事眼光来看问题。他这边刚打了胜仗，正士气旺盛，眼看就要直捣平壤，这时候撤军，不是半途而废吗？

有道是将在外，君令有所不受，来护儿集合三军，搞起了动员。他说："大军三出，未能平贼，此还不可复来。劳而无功，吾窃耻之。今高（句）丽实困，以此众击之，不日可克。吾欲进兵径围平壤，聚高元，献捷而归，不亦善乎！"我们已经是第三次出兵了，从现在的情况来看，基本上也不可能再有第四次。既然是最后一战，就一定要打个明明白白，分出胜负来。

现在高句丽已经是困顿不堪，只要我们坚持一下，就一定能够直捣平壤。到那时候，我们押着高元回去献捷，该多么荣耀！现在的机会千载难逢，不管皇帝怎么样，我是下定决心要接着打。我宁可得罪皇帝，也绝不撤军！希望大家跟着我，再拼一把！

皇帝要和，来护儿要打，那么，这仗到底是打还是不打呢？就在这关键时刻，来护儿的副手崔君肃站出来，对下面的将领说话了。他说：“**若从元帅，违拒诏书，必当闻奏，皆获罪也。**”这不是军事问题，而是政治问题。皇帝已经下令撤军了，你们要是跟着元帅，那就是反抗皇帝，我一定会向皇帝报告这件事，那时候，你们全都吃不了兜着走。

这个场面太熟悉了，这多像一征高句丽的时候，将军于仲文面临的局面！当时，高句丽的宰相乙支文德到隋军大营来诈降，于仲文希望活捉，但是，监军发话说：皇帝有令，凡是投降的人，都来去自由，你们若是活捉他，我一定禀报皇帝。结果于仲文万般无奈，只好放走乙支文德，坐失良机。

现在，又轮到来护儿来面对这个局面了。崔君肃拿皇帝这顶大帽子一压，谁还敢再跟着来护儿？下面的将领纷纷劝来护儿撤军。众心不附，来护儿也不敢再坚持，只能是长叹一声，撤军了。就这样，大业十年（614）的八月四日，隋炀帝从怀远镇班师回朝，第三次东征就此告终。

按说，这是在高句丽投降基础上的凯旋，算是得胜还朝，应该非常风光吧？才不是。当时已经天下大乱，因此，这支大军虽然没有被高句丽人追杀，却被自己人打劫了。

隋炀帝从辽东回师，要经过河北地区，而河北地区当时已经成了起义军的天下。就在隋炀帝御驾途经邯郸的时候，早有一支起义军盯上了皇帝的资装。这支八千人的部队就埋伏在路边，等隋炀帝的护卫队过去之后，一拥而上，把后勤部队冲得七零八落，夺了隋炀帝的四十二匹御马，扬长而去。连御马都让人给劫走了，隋炀帝当然是心惊肉跳，国内都乱成这个样子了，还算什么得胜还朝！

更让他郁闷的事情还在后头。隋炀帝回到大兴城时，已经是冬天了。眼看就要过年，按照惯例，元旦的时候要进行大朝会，四夷的君主都得来朝觐皇帝，表示臣服。现在，高句丽既然已经投降，隋炀帝就要征高元入朝。

那么，对待隋炀帝的征召，高元什么反应呢？高元根本没反应。入朝多不安全，反正你已经撤军了，难道还能再打回来不成！所以，他连理都没理。

这可让隋炀帝太没面子了，当年之所以要打高句丽，直接原因就是高句丽不肯朝觐。现在，劳民伤财地打了三次，国内也因此乱成一团，结果居然跟没打一样，高元照样不朝觐，这不是最大的羞辱吗？

本来，这次大朝会就是要借助高句丽向四夷示威，让他们看看，顺我者昌，逆我者亡，重申一下以隋朝为主导的国际秩序。现在，都城已经披上了节日盛装，鱼龙百戏也已经上演，四夷君主都来了，可是，高句丽的国王却不见踪影，这不是在打隋炀帝的脸吗？付出了那么大的代价，结果却只收获了羞辱。这真叫不败而败，而且是惨败。

面对此情此景，隋炀帝真是难掩心头悲愤。大朝会之后，他回到长乐宫，喝了个酩酊大醉，趁着酒意，写下了一首五言诗。这首诗大部分已经失传，只保留下了最后一句：“徒有归飞心，无复因风力。”我空有一颗想要雄飞的心，但是，却再也没有借助长风，凌空翱翔的力气。诗成之后，隋炀帝让身边的美人反复吟唱，自己忍不住涕下沾襟，旁边的侍从也都跟着唏嘘不已。这个雄心勃勃、一心想要超越汉武帝的皇帝终于认输了。

万般无奈之下，隋炀帝把一腔悲愤都发泄在了叛臣斛斯政的头上。隋炀帝下令，把斛斯政押到金光门外，绑在柱子上，让文武百官都来射箭，把斛斯政射得跟刺猬一般，然后再千刀万剐，剐完之后，再分给百官品尝。按说，吃人肉够恶心吧，可是，有些官员为了表现自己对叛臣的痛恨，居然吃了一块又一块，一直吃到饱为止。可就算千刀万剐，就算把肉吃光，就算挫骨扬灰，对于局势，又能有怎样的影响呢？

三、天下皆反

尽管三征高句丽最后还是没有得到任何实质的成果，但好歹隋炀帝总算把重心转移到国内问题上来了，这对挽救当时的乱局未尝不是一件好事。

当时国内最大的问题就是人民造反。怎样对付造反？隋炀帝开出的药方是：“诏民悉城居，田随近给。郡县驿亭村坞皆筑城。”老百姓都搬到城里去集中居住，让起义军找不到给养，也让老百姓不能投奔起义军。他以为，这样就能够把起义绞杀了。

问题是，老百姓都是农民，搬到城里去住，地怎么种？隋炀帝给出的说法是“田随近给”，也就是在城市旁边就近分田，可事实上，政府根本没有那么多现成的郊区田地可分。所以，所谓分田只是一句空话而已。真正的后果是，老百姓被迫搬家之后，都活不下去，只能铤而走险，投奔起义军。这真是适得其反！

这个药方不灵，那就只能是强加镇压了。征讨高句丽的大军一回来，马上就投入了国内战场。来护儿是一员猛将，他的儿子也相当英雄。特别是他的第六个儿子来整，进入山东、河北战场之后，更是所向披靡，所以当时有一首歌谣专唱来整：

“长白山头百战场，十十五五把长枪。不畏官军十万众，只畏荣公第六郎。”长白山头到处都是战场，我们的壮士十十五五，手握长枪。我们不害怕官军十万众的围剿，只害怕荣国公来护儿的第六个儿郎。

因为来整率军从辽东地区进入山东、河北地区镇压，一下子，山东地区的起义沉寂了不少。

另一个更厉害的将军是张须陀，他也是在山东战场上涌现出来的得力战将。按照《隋书·张须陀传》中的记载，此人“**性刚烈，有勇略**”，有勇有谋，而且，曾经在隋朝的两大名将史万岁和杨素手下当过军官，是个能征惯战的老将军。

大业七年（611），王薄在长白山起义。当时，张须陀正担任齐郡丞，长白山属于他的管辖范围。面对声势浩大的农民军，张须陀毫不畏惧，凭借两万人的力量，大败王薄的十万联军，一下子就打出了威风。

到大业十年（614），张须陀已经升任齐郡通守，领河南道十二郡黜陟讨捕大使，负责管辖今天河南、河北、山东、山西、江苏乃至安徽部分地区的镇压任务。

在这个新岗位上，张须陀照样干得如鱼得水。他之所以能够当此大任，除了因为他本人战功卓著之外，还因为他手下有两员得力干将：一个是罗士信，另一个是秦琼。

看过《隋唐演义》的人知道，这是所谓隋唐十八条好汉里的第七条和第十六条好汉。很多人都知道，在《隋唐演义》中，秦琼是个中年人，罗士信是个傻小子。这只是小说家的说法，并不可信。事实上，这两个人都是少年英雄。

年轻到什么程度？当时秦琼十八岁，罗士信只有十五岁。

英雄到什么程度？秦琼是后来唐朝的大将，凌烟阁功臣，民间所谓两大门神之一。不是天纵英雄，怎么能上得了凌烟阁，当得了门神？

罗士信出道的时候只有十四岁，还是个孩子，个子也小，只是胆子特别大，整天要求上阵杀敌。张须陀一听就笑了，对他说，你怕是连甲胄都穿不上吧。罗士信二话不说，往身上连披两副盔甲，再挂上两壶箭，飞身上马，顾盼神飞，把张须陀看得目瞪口呆，从此就把罗士信带在身边。

罗士信有一点与众不同，别人上了战场，都是斩首级回来请赏，只有罗士信专割鼻子，每次一出战，必定带回来一串鼻子，令敌人闻风丧胆。

此时，张须陀负责河南道十二郡讨捕，这两个少年英雄就派上用场了。当时，张须陀的最大敌人叫卢明月。此人从涿郡起家，一路转战到山东地区，有十多万部众，声势很大。而张须陀手下只有一万多人。人少也就罢了，更糟糕的是，张须陀跟卢明月对峙了十多天之后，粮食也吃完了，只好先行撤退。

问题是，敌众我寡，就这么撤退，难免会被敌人追杀。怎么办呢？张须陀问部下：**“贼见兵却，必轻来追我。其众既出，营内即虚，若以千人袭营，可有大利。此诚危险，谁能去者？”**敌军见我们走了，一定会来追杀的。他们要是来追杀，大营一定空虚，如果这时候我们去劫营，肯定能取胜。问题是，劫别人大营是件非常危险的事，谁敢去？

有了金刚钻，敢揽瓷器活。这样的任务，正合了秦琼和罗士信的心思。两个少年英雄主动请缨，趁着夜色，率领一千人埋伏在路边的芦苇丛里，看着张须陀率领主力部队撤退。

卢明月这边一看张须陀撤退，果然率众来追杀。这时候，秦琼和罗士信带着伏兵直扑卢明月营寨。来到营外，两人身先士卒，沿着栅栏先爬了过去。要知道，卢明月虽然去追张须陀，但也不可能倾巢出动，营寨里还有不少人留守，眼看有人来劫营，这些人自然也要奋力抵抗。只见秦琼和罗士信手起刀落，一连砍杀了十几个人。这样一阵冲击，卢明月的留守部队马上就乱了套。

这时候，两个少年再打开营门，让手下士兵进来，四处杀人放火，把卢明月的大营烧成了一片火海。卢明月正追张须陀，回头一看自己的大营起火了，赶紧回来救援，这时候，张须陀再率领大军杀了个回马枪，和秦琼、罗士信他们两面夹击，把卢明月的部队杀了个七零八落。最后，卢明月只带着数百骑突围而去，其余的全部做了隋军的俘虏。这样一来，官军在河北、山东的局面也跟着为之一振。

眼看自己手下的将军这般出色，隋炀帝也觉得十分欣慰，赶紧命令画工到军队里，专门给张须陀和罗士信画了像，摆在自己面前，整天欣赏。按照隋炀帝的想法，如果将士们都能像张须陀、罗士信这样奋勇杀敌，那么，国家安宁也就指日可待了。

可是，就在隋炀帝积极镇压农民起义的时候，有一则谶语开始流传，让隋炀帝的目光又从外面转移到了自己的身边。

第五章 李敏之死

三次东征高句丽之后，隋炀帝政权已经内外交困。对外战争并未获得任何实质性成果，国内的农民起义却是风起云涌。就在这关键时刻，大隋的朝廷里又发生了一起大案，仅仅因为一条荒诞的谶语，三十二个李姓大贵族死于非命。由此，皇帝和大臣之间的信任度变得更加脆弱，关陇贵族集团再度分裂。这究竟是怎么回事？在这场惨案中，隋炀帝本人扮演了什么角色？

一、神秘谶语

大业十年（614），有一个名叫安伽陀的方士上书隋炀帝，声称现在各地流行一则谶语，这个谶语号称“当有李氏应为天子”，所以，他劝隋炀帝，为了大隋江山社稷，要杀尽天下姓李的人！

这个上奏，一下子就引起了隋炀帝的高度警惕。要知道，中国古代所谓的谶语，其实也就是一些政治预言，每到改朝换代的时候，都会出现一些模棱两可的说法，预测未来的政治走向。

比如秦朝末年，有所谓“亡秦者，胡也”的说法。秦始皇为此还大动干戈去修长城，以防范匈奴，没想到最后这个“胡”字应到了胡亥身上。现在，隋朝天下大乱，政权不稳，类似的谶语也就应运而生了。

那么，面对“当有李氏应为天子”这个说法，隋炀帝该怎么办？能不能像那个方士所说的那样，把所有姓李的人都杀掉？那是不可能的。

自古李氏就是大姓，真要大开杀戒，那得杀多少人？而且即便在皇权体制下，皇帝也不可能大规模无故杀人，这个办法显然不行。那可不可以将这条谶语视为迷信，干脆不予理睬？

这个隋炀帝也做不到，他是古代人，没有那么高的觉悟。而且，他也知道自己的统治已经出了很大问题，他确实害怕有人要推翻他，改朝换代。现在出了这么一条谶语，他不可能完全不信。

既不能不信，又不能全信，既不能不杀，又不能全杀，隋炀帝到底怎么办？他选择了折中手段，悄悄地进行重点排查，看看哪个姓李的人可能应这个谶语，把他提前消灭掉。

姓李的那么多，当然要先从有势力的人中开始排查。当时社会上最有势力的就是所谓关陇贵族集团，而关陇贵族集团的顶层就是西魏的八大柱国、十二大将军。在这八大柱国、十二大将军之中，姓李的就有三家。

一个是八大柱国之一的李弼，他的重孙子就是跟着杨玄感一块儿造反的李密，当时已经逃亡江湖了。

还有一个同样是八大柱国之一的李虎，他的孙子名叫李渊，当时正在山西镇压起义军。

再有一个是十二大将军之一的李远，他的孙子名叫李敏，当时在隋炀帝身边担任将作监。

这三个人，其实也就是天下李姓中的头号人物了。既然谶语说姓李的以后会取代姓杨的当皇帝，这三个人也就成了重点怀疑对象。

在这三人之中，谁更可疑呢？今天的人马上会想到李渊，因为李渊后来取代隋朝当了皇帝，这是属于逆推，事后诸葛亮。

当时隋炀帝可看不到后来的历史进程，在他的眼里，最可疑的倒还不是李渊，而是李敏。因为李敏有三大过人之处。

第一个，家族显贵。这样说可能有读者不同意了，李渊和李密的祖上都是柱国，李敏的祖上才是大将军，怎么倒说他家族显贵？这就要看是哪个时代了。固然，在西魏时代，李敏的爷爷不及李渊和李密的祖上，但到了隋朝，李敏一族的势力可大大提升了。因为李敏的叔爷爷李穆非常强悍，是隋朝最重要的开国功臣。

当年，隋文帝杨坚要篡夺北周的天下，激起尉迟迥等三总管起兵，形势相当险恶。幸亏元老重臣李穆力挺杨坚，这才赢得天下归心，杨坚也因此顺利建隋。

因为有这样的不世之功，所以，李穆在隋朝的大臣里排名第一，官拜太师，赞拜不名。他的子孙，即使还是襁褓婴儿，也都官拜仪同，一门之中，五品以上的中高级官员就有百余人，一下子成了隋朝最显贵的家族。

叔爷爷打下了基业，爸爸也不是凡人。李敏的爸爸在开皇三年（583）的时候因为打突厥壮烈牺牲，这样一来，李敏不仅是功臣之孙，还是烈士之子，从小就养在宫里，备受关照。

这样看来，若论原始出身，李渊和李密确实比李敏强，但是，若论在隋朝的背景，李敏可就占优势了。

第二个，跟皇帝关系近，是隋炀帝的外甥女婿。隋炀帝的外甥女，就是隋炀帝的大姐、北周太后、隋朝乐平公主杨丽华的女儿，名字叫作宇文娥英。当年，杨丽华嫁给北周天元皇帝，只生了娥英这么一个女儿，那是响当当的北周第一公主。后来，隋文帝杨坚从女儿杨丽华手里夺取了天下，改周为隋。宇文娥英虽然失去了公主身份，但隋文帝也好，隋炀帝也好，念及她妈妈乐平公主的巨大功劳，对她都相当照顾。

宇文娥英长到女大当嫁的年纪，他们也没有贸然给她选一个丈夫，而是充分尊重她的意见，让她自己选。怎么选呢？当时，隋文帝在弘圣宫拉了一道纱帘，宇文娥英就坐在后面，然后，再把那些品貌相当的贵族公子都集中到弘圣宫，让他们一个接一个地进来，先自我介绍，再展示才艺，宇文娥英看上哪个就是哪个。

宇文娥英也是个挑剔的人。每天面试一百来个，面试了好几天，愣是没有看上眼的。后来，终于轮到李敏了，小伙子往纱帘前面一站，跪拜有节，舌灿莲花，顿时让之前的面试者都黯然失色。这一刻，娥英姑娘终于露出了笑容。就是他了！

为什么李敏能够胜出？因为根据史书记载，李敏“美姿仪、善骑射，歌舞管弦，无不通解”。人长得漂亮，又弓马娴熟，吹拉弹唱无所不能，正好符合人们在那个年代对贵族公子的经典要求，这才能赢得宇文娥英的青目。就这样，李敏成了隋文帝的外孙女婿，从隋炀帝的角度说，就是外甥女婿了。

宇文娥英在隋朝待遇很高，出嫁的时候也尽显风光，各种礼数都比照公主对待。为了让新郎官配得上她，隋文帝下令，借给李敏“一品羽仪”，让他用一品官的仪仗迎接宇文娥英，算是给足了面子。

“一品羽仪”只是面子，怎样才能让李敏真正高贵起来呢？这时候，乐平公主出手了。宇文娥英下嫁，隋文帝要赐宴，宴会开始之前，乐平公主对李敏说：“**我以四海与至尊，唯一婿，当为尔求柱国；若余官，汝慎勿谢。**”我把天下都给皇帝了，就得你这么一个女婿，我一定给你讨一个柱国的散官做才肯罢休，所以一会儿皇帝赐给你别的官，你千万不要谢恩，什么时候他让你当柱国了，你再谢恩。

李敏对岳母的教诲自然是心领神会。宴会开始之后，隋文帝亲自弹起琵琶，李敏载歌载舞。一曲终了，隋文帝非常高兴，笑着对乐平公主说：“你这个女婿真不错。现在当什么官呢？”公主答道：“他什么官都没当，不过是个白丁罢了！”隋文帝马上对李敏说：“那我授你仪同吧。”这已经是五品散官，不算低了。

李敏什么反应呢？他只是笑笑，既不答话，也不拜谢。隋文帝一看这个样子，又说：“不满意，是不是？那我授给你开府吧。”这是三品散官，算是高官了。没想到李敏沉得住气，照样不谢恩。

隋文帝多聪明，马上就明白了，这一定是乐平公主在后面撑腰呢。怎么办？隋文帝索性大方一次，说：“公主有大功于我，我何得于其婿而惜官乎！今授汝柱国。”乐平公主为我立过大功，我怎么能对她的女婿还吝惜一个官职呢？这样吧，我直接授你柱国。

柱国可就是二品散官了，已经符合乐平公主的预期。这一下，乐平公主终于绽放笑颜，李敏也赶紧跪下谢恩。后来，到隋炀帝大业四年（608），乐平公主跟随他一起西巡，死在了河西走廊的张掖。临终之前，公主还向隋炀帝托孤说：“妾无子息，唯有一女，不自忧死，但深怜之。今汤沐邑，乞回与敏。”我没儿子，一辈子就守着这么一个女儿，现在我要死了，自己倒不觉得有什么遗憾，只是不放心我这个女儿。我死之后，请求陛下允许，把我的汤沐邑转给李敏吧，让他们小两口过上幸福的生活。

既然姐姐这样交代了，隋炀帝二话没说答应下来，把乐平公主的食邑五千户又转到了李敏名下，真是皇亲国戚，既富且贵。

第三个，他还是隋炀帝的心腹。宇文娥英是乐平公主唯一的女儿，乐平公主自然不放心让她离开自己身边，这样一来，李敏也就不能到外地任职了，虽然当过几任外州的刺史，但那都是用来赚资历的，他从来不去上任，一直都待在皇帝身边，陪侍着皇帝。一来二去，跟隋文帝和隋炀帝的感情都很亲近，成了他们最信任的人。

怎样才叫最信任呢？举个例子。因为杨玄感是在督运粮草的岗位上叛乱的，所以，到第三次征讨高句丽的时候，隋炀帝对这个岗位特别敏感，觉得谁做他都不放心。后来到底派给了李敏，才终于踏实下来。从这一件事就可以看出来，在隋炀帝心目中，最可靠的还是这个外甥女婿。

有了这三个过人之处，就可以看出来，无论是从家世背景、婚姻关系还是本人受信任的程度看，李敏在当时的李姓贵族中都独占鳌头。现在既然说“当有李氏应为天子”，李敏当然也就首当其冲受到了怀疑。

只是姓李也罢了，李敏的名字也不好，让隋炀帝加深了对他的猜忌。

李敏是大名，他还有个小名，叫洪儿。亲近的人都这么叫他，估计隋炀帝私下里也是这么叫他的。这个名字叫了三十多年，谁都没觉得有什么不妥，可是，现在“当有李氏应为天子”这个谶语一出来，隋炀帝心里可没底了。

炀帝从小就听说，他爸爸隋文帝曾经做过一个噩梦，梦见洪水把都城大兴给淹没了，这才兴建的大兴城。这洪水淹了都城，是不是暗指洪儿要结果大隋啊？

隋炀帝越想越不踏实，索性找到李敏，直截了当地把自己的担心跟他讲了，还让他改改名字，别叫洪儿了。

隋炀帝发了话，李敏可吓坏了。名应图谶，在古代可是吃不了兜着走的事，在这个问题上让皇帝惦记，那可是凶多吉少。就算小名改了，难道隋炀帝就能饶过他吗？李敏是深表怀疑，也深感恐惧。

怎么办呢？李敏自己想不出办法，就去找堂叔李浑和堂兄李善衡商量去了。可是他万万没想到，这么一商量，就真的给自己商量出了灭门之祸。

二、宇文述的阴谋

既然说到李浑，还得先交代一下，李浑是何许人。这个李浑，是李穆的第十个儿子，长得高大威猛，美髯飘飘。当年杨坚篡周前夕，李穆送给杨坚一把熨斗，让他熨帖天下，这送熨斗的就是李浑。此人不仅对隋文帝有功，跟隋炀帝的关系也相当不错。当年，隋炀帝还是晋王的时候他就一直追随左右，算是藩邸旧臣，炀帝即位之后，他也顺利升迁到左武卫将军，是隋炀帝的心腹武将。

不过，李浑虽然位高权重，为人却并不善良，曾经为了争夺爵位和食邑干过一件伤天害理的事情，把自己的两个侄子都害死了。那还是隋文帝开皇六年（586），李穆去世，按照惯例，他的爵位申国公以及食邑应该传给嫡长子。可是，李穆的大儿子去世得比爸爸还早，因此，这个爵位按照惯例又应该传给大儿子的大儿子，也就是嫡长孙李筠。眼看着老爸留下的爵位和财产都便宜了侄子，李浑心里相当恼火。偏生这个侄子还不怎么懂人情世故，又比较小气，继承了那么大一份家业之后，并没想着给叔叔分一杯羹，这让李浑更加忍无可忍，甚至起了杀心。

恶从心头起后，李浑又找到另一个侄子李善衡，怂恿他把李筠谋害了。按说，人命关天，李筠又不是一般人，朝廷总要调查一下，难道李浑不害怕败露？他才不怕呢，他早就想好了对策。这个李筠，平时跟自己的一个堂兄弟李瞿昙不和，这是众所周知的事情，现在出了人命，嫁祸于李瞿昙不就得了。于是，在朝廷调查的时候，李浑以长辈的身份公然做伪证，说李筠是被李瞿昙所杀，可怜李瞿昙百口莫辩，稀里糊涂被砍了头，成了冤死鬼。

李浑接连干掉两个侄子，他到底想干什么？很简单，他想把老爸李穆留下来的爵位和食邑据为己有。问题是，李浑是李穆的第十个儿子，就算李筠死了，也还是轮不到他继承。在这种情况下，李浑又想起了另外一个人。这个人就是之前讲的朝廷五贵之一——隋炀帝的心腹宇文述。

李浑为什么想要利用宇文述？因为他的夫人是宇文述的妹妹，郎舅二人关系素来不错。眼看着朝廷又在议论给申国公立嗣，李浑就去找宇文述，让他帮自己在皇帝面前说好话，还许诺他，事成之后，一定把食邑的一半都拿出来答谢宇文述。宇文述是个财迷，听了之后觉得很划算，就启奏皇帝说，立嗣无非是两个原则，一个是立长，另一个是立贤。现在，死去的李筠没有儿子，立长已经谈不到了，那就应该立贤。申国公李穆的子孙都是草包，只有李浑一个人不错，还不如让他袭爵。皇帝念及李浑的功劳，还真的恩准了。

就这样，申国公的爵位和食邑终于落到了李浑头上。李浑当然是喜不自胜，连宇文述也跟着高兴，就等着李浑履行诺言了。

问题是，事情根本不像宇文述想象的那么顺利。李浑继承了李穆的爵位之后，整日花天酒地，光是小妾就收了一百多个，还个个都穿金戴银。至于先前许诺给大舅子宇文述一半财产的事，也不知是忘了个精光，还是揣着明白装糊涂，反正再也不提了。

这不是把宇文述耍了吗？宇文述气得要命，发下毒誓说："我竟为金才所卖，死且不忘。"所谓"金才"是李浑的字。宇文述的意思是说，我居然被李浑这个浑蛋给耍了，这个仇到死也不能忘。

宇文述不仅是个记仇的人，也是个能报仇的人。得罪了他可不是闹着玩的。自从被耍弄以后，他一直想着怎么整一整妹夫李浑，但是时机未到，愿望一直都没能实现。他之所以斗不倒李浑，很大程度上是因为李穆他们家有丹书铁券。《隋书·李穆传》中有提到，这其实是当年隋文帝赐给李穆的，上面写着："太师、上柱国、申国公，器宇弘深，风猷遐旷，社稷佐命，公为称首，位极帅臣，才为人杰……自今已后，虽有愆罪，但非谋逆，纵有百死，终不推问。"太师李贤、上柱国李远、申国公李穆，器度深厚胸襟宽广，名望高尚影响深远，在朝廷的辅政大臣中，申国公是第一人，职位最高，才能卓越……从此以后，即使犯有罪过，只要不是谋反叛逆，纵然有一百个死罪，也不加审问。

也就是说，李穆兄弟，还有他们的子孙，只要不是谋反，平常的小问题一律不治罪。找这样的人报仇，这不是太难了吗？

可是现在"当有李氏应为天子"的谶语传得沸沸扬扬，李敏又总往李浑家里跑，宇文述终于有了主意。他向隋炀帝进言道："臣与金才夙亲，闻其情趣大异。常日数共李敏、善衡等，日夜屏语，或终夕不寐。浑大臣也，家代隆盛，身捉禁兵，不宜如此。愿陛下察之。"术士安伽陀所说的"当有李氏应为天子"还真不是无中生有啊！我和李浑是亲戚，近来发现他变化很大，整天和李敏、李善衡等人嘀嘀咕咕。昼夜不息。李浑是国家贵臣，他这么做极其不妥，陛下要多加提防啊！言外之意，李浑和李敏他们日夜密谋，想要造反！

当时隋炀帝的神经本来就敏感，连李敏小名叫洪儿都让他心惊胆战，更何况还有搞阴谋这样的事。他赶紧让宇文述带领一千士兵，把李家围了个水泄不通，把李敏、李浑、李善衡等一干人众还有他们的家眷，包括李敏的夫人——隋炀帝的外甥女宇文娥英都捉拿归案了。

人都抓起来了，就要立案。谁来审理呢？当然还得找最能见风使舵、最会顺着皇帝意思断案的御史大夫裴蕴。问题是，李浑也好，李敏也罢，确实没有谋反之心，更没有谋反的事实。裴蕴虽然擅长把小事说成大事，但要让他把没事说成有事，他还真是力不从心。审了好几天，还是没找到谋反证据，只好如实禀报给隋炀帝了。

面对这种情况，隋炀帝怎么拿捏分寸呢？他当时的心理就是宁可信其有，不可信其无。宁可错杀，不可漏网。他在心里已经判了李浑、李敏叔侄死刑了，所以，当然不能接受裴蕴审理的结果。既然这个案子是宇文述挑起的，那就责令他去办好了。而把案子转给宇文述，就等于是把羊肉给喂到狼嘴里了。

宇文述根本不去提审李敏、李浑这一干人，而是把李敏的夫人——宇文娥英从监狱里提出来了，对她说：“**夫人，帝甥**

也，何患无贤夫！李敏、金才，名当妖谶，国家杀之，无可救也。夫人当自求全，若相用语，身当不坐。”夫人，您是皇帝的外甥女，您还怕以后找不着好丈夫吗？李敏也好，李浑也罢，他们的名字就应了那个“当有李氏应为天子”的妖谶，国家是万万不能让他们活下去的，谁也救不了。所以您不如和我合作，您只要肯合作，我保您不受他们的牵连。

宇文娥英半生娇生惯养，哪里经得起监狱这一番折腾，现在一听宇文述这么说，马上软了下来，战战兢兢地说：“不知所出，惟尊长教之。”我倒是想配合您工作，但是，不知道怎么招供才好。

宇文述说这个容易，我教你。你就这么说：“李家谋反，金才尝告敏云：‘汝应图箓，当为天子。今主上好兵，劳扰百姓，此亦天亡隋时也，正当共汝取之。若复渡辽，吾与汝必为大将，每军二万余兵，固以五万人矣。又发诸房子侄，内外亲娅，并募从征。吾家子弟，决为主帅，分领兵马，散在诸军，伺候间隙，首尾相应。吾与汝前发，袭取御营，子弟响起，各杀军将。一日之间，天下足定矣。’”他让宇文娥英去招供，就说李家确实想谋反。李浑曾经跟我丈夫李敏说，你的名字应了那个谶语，以后一定会当皇帝，我可以帮你做成这件事。当今陛下大兴兵役，天下大乱，这是天意要灭亡隋朝。主上既然喜欢打仗，他以后还会再去打高句丽。那个时候，以你我这种身份定会担任大将，各自率领一支军队。按照每支军队两万多人计算，我俩手里的兵加起来就是五万人。另外，我们家兄弟子侄众多，一旦再次讨伐高句丽，我们就让所有的兄弟子侄包括三亲六故都去应募，以我们家的背景，只要去应征，必定能当主帅。到时候，我们的子弟散在各支部队之中，一旦时机成熟，我和你负责去袭击隋炀帝的御营，然后咱们的兄弟子侄再在各支军队中响应。你放心，一天之内，我们就能改朝换代了。

宇文娥英一听如此复杂，干脆让宇文述口述，自己笔录算了。笔录完毕，交给宇文述，宇文述立刻就当作密表，上奏给隋炀帝了。

隋炀帝一看自己亲外甥女的这封密信，眼泪滚滚而下，拉着宇文述的手说："吾宗社几倾，赖亲家公而获全耳。"隋炀帝的女儿嫁给了宇文述的儿子，所以，隋炀帝和宇文述是亲家关系。隋炀帝说：如果不是亲家公，我的江山社稷就完了！人心难料啊，我原来那么信任杨玄感，结果杨玄感造反；我那么宠幸外甥女婿李敏，结果李敏造反，这个世界上究竟还有没有可靠的人！

就这样，李浑、李敏等一干人都被定成了谋反罪，这可是关系到国家前途命运的大事，绝对不容姑息，连丹书铁券也保护不了他们了。

隋炀帝下令，把以李浑、李敏为首的李氏宗族三十二人处以死刑，其余关系比较远的亲戚也都流放到岭南。那告密者宇文娥英结果如何呢？她可并没有像宇文述保证的那样免予处罚，再找个好丈夫。没过几个月，隋炀帝就赐给她一杯毒酒，把她给毒死了事。这真是人心易变，天道好还。

就这样，一句谶语，再加上宇文述公报私仇的阴谋，一下子就把隋朝关陇贵族集团中势力最大的李穆一家子送上了黄泉路。

三、贵族解体

毫无疑问，这是一起冤案。这个冤案一出来，非但没有让隋炀帝的统治更稳固，反而让他的政权更加分崩离析了。因为它让整个关陇贵族集团人人自危，其中，最惴惴不安的就是后来的唐高祖李渊。

要知道，李渊不仅是八大柱国之一唐国公李虎的孙子，他的母亲和隋炀帝的母亲都是西魏元老独孤信的女儿，因此，他还是隋炀帝的两姨表弟，身份也是既亲且贵。当时天下大乱，隋炀帝派他以卫尉少卿的身份兼知关右诸军事，也算兵权在握。这三个特征加到一块儿，也是有可能应那句谶语的。隋炀帝对他也并不放心。

收拾完李敏之后，隋炀帝很快征召李渊入朝。李渊当时正不踏实，一听说隋炀帝要召见他，更是心惊肉跳，死活不敢去见皇帝，干脆装病不出门。正好，李渊的外甥女王氏就在隋炀帝的后宫之中，隋炀帝问她道："叫你舅舅入朝，他为什么不来呢？"王氏赶紧解释说："舅舅病了，实在起不来床。"这时候，隋炀帝冷笑一声说："病了？那你看他能不能病死啊？"王氏把这句话转达给李渊，李渊吓得魂飞魄散。

重压之下，何以自保呢？李渊从此开始招权纳贿，纵情声色。这是告诉隋炀帝，我就是个草包，没有任何野心。隋炀帝天天听人讲李渊无能，心里反倒踏实了不少，居然就没再追究。

问题是，这样对整个国家好不好？当然不好。本来李渊还算是镇压农民起义的一员干将，现在干将也不干了，跟皇帝玩心眼儿，离心离德，这只能让隋朝的局面变得更加糟糕。换句话说，因为李敏一案，隋朝统治集团又出现了一次大分裂，皇帝和大臣之间的信任度也更加脆弱。现在，隋炀帝既面临着农民造反，又面临着统治集团解体，真是两路夹击，众叛亲离。

在这样狼狈不堪的局面下，他还会遇到什么新的问题呢？

第六章 雁门之围

公元615年已经是隋炀帝统治的第十一个年头，此时的大隋王朝内部面临着民众造反和统治集团内部分裂两大乱象，真可谓众叛亲离。就在这危机四伏的时刻，隋炀帝做出的一个惊人的决定，让他颜面尽失，甚至差点性命不保。这是个什么样的决定？它给隋炀帝带来了怎样的后果？

一、再巡突厥

因为三征高句丽失败，隋朝国内已经面临着民众造反和统治集团内部分裂的两大乱象，隋炀帝也陷入了众叛亲离的局面。在这种情况下，他又做了一件蠢事，一下子让隋朝的国际关系也紧张了起来。

就在大业十一年（615）八月，诛杀李浑、李敏一族之后没多久，隋炀帝又率领后宫女眷、文武百官、侍卫部队、僧尼道士、鱼龙百戏等一共十几万人，离开东都洛阳，途经太原、雁门，准备进入草原地区，再次巡幸东突厥！

当时隋朝国内局面乱成一团，正该静下心来，整理内政。隋炀帝为什么还要兴师动众，出巡东突厥？有三个原因值得关注。

第一，东突厥对于稳定隋朝的国际地位至关重要。隋炀帝讨伐高句丽失败后，国际威望空前下降。而东突厥在隋朝所有的邦交国中是老大，对周边民族有着很强的影响力和示范作用。隋炀帝希望通过巡幸东突厥，再次强调隋朝在整个东亚的霸主地位。

第二，隋炀帝想要游说东突厥帮助他讨伐高句丽。隋炀帝三次出兵高句丽，东突厥都没有派出一兵一卒参战，这也是隋朝难以取胜的一个重要原因。现在，高句丽的国王高元仍然不肯朝觐，隋炀帝也不肯善罢甘休，还准备再打第四次。所以，此次出巡，也有敦促东突厥助力出兵的意思。

第三，这也是隋炀帝的施政风格。自从登基以后，他一直四处巡游，很少老老实实地待在都城。特别是这个时候，因为三征高句丽失败，国内一团乱象，他更加觉得烦躁。在这种情况下，巡游也是一种解压的手段。

就这样，隋炀帝不顾国内的政治危局，又一次带队浩浩荡荡地出发了！

隋炀帝巡幸漠北，自然也提前通报了东突厥方面。这一次，东突厥的可汗是否还会像大业三年（607）隋炀帝巡游时候那样，专门为隋炀帝开辟一条御道，再亲自给隋炀帝铲除营帐前面的杂草呢？

这时候，东突厥的可汗已经不是当年由隋朝扶植起来的那位启民可汗，而是他的儿子始毕可汗了。始毕可汗对隋朝可远远没有他爸爸那么恭顺，事实上，他对隋朝还颇为怨恨。因为这些年来，始毕可汗逐渐强大，隋朝开始对他进行防范，颇闹出了几桩不愉快事件。

第一件，扶植西突厥的处罗可汗。自从突厥分裂后，东、西两部一直是对头。当年，东弱西强，隋朝扶持东突厥的启民可汗；现在，眼看着东突厥逐渐强大，隋朝又转而支持西突厥的处罗可汗，还把宗室女嫁给他，这让始毕可汗相当不满。

第二件，隋朝还试图在东突厥内部搞分裂，扶持始毕可汗的弟弟。这其实是隋朝的国际问题专家裴矩的主意。还是在第三次东征高句丽的时候，裴矩就向隋炀帝提出来，始毕可汗近来势力大增，羽毛逐渐丰满，为了避免日后坐大，不如现在开始分化他的势力。怎么分化呢？裴矩建议，把一个宗室女儿封为公主，嫁给始毕可汗的弟弟叱吉设，再拜他为南面可汗，让他和始毕可汗分庭抗礼，这样就分化瓦解了东突厥的力量。

隋炀帝一听觉得挺好，就让裴矩跟叱吉设沟通。没想到叱吉设比较有自知之明，既不敢要公主，也不敢当南面可汗，让隋炀帝的如意算盘落了空。更糟糕的是，这件事后来还被始毕可汗知道了，当然更加怨恨隋炀帝。

这两件事，其实都执行的是当年隋文帝时期远交近攻、离强合弱的外交政策，只不过时移世易，彼时的蜜糖，已经成了此刻的砒霜而已。

第三件，设计诛杀东突厥的谋臣。这件事说起来还是裴矩出的主意。裴矩向隋炀帝汇报说，突厥人是很纯朴老实的，比较容易对付。但是，现在东突厥部落里有很多胡人，非常狡猾奸诈，始毕可汗的好多主意都是他们出的。

裴矩这里所说的胡人，其实就是粟特人，在当时又叫昭武九姓、九姓胡，是活跃在中亚地区，专门从事国际贸易的商业民族，粟特人因为从事国际贸易，往东一直走到隋朝，往西一直走到东罗马，眼界比较开阔，人比较精明，所以很受突厥人的信任，不光把外贸工作都包给了他们，还让他们进入决策层，充当突厥人的军师。

裴矩说，在这些胡商之中，有一个叫史蜀胡悉的人尤其奸诈，算是始毕可汗的谋士，不如把他杀掉，以后始毕可汗就好对付了。隋炀帝一听不错，就同意让裴矩去谋划。

裴矩派人给史蜀胡悉传话说："天子大出珍物，今在马邑，欲其蕃内多作交关。若前来者，即得好物。"我们大隋天子现在拿出了好多珍宝到马邑跟你们互市，谁要是先来，谁就先得，来得越早，得到的宝物越多。

史蜀胡悉是商人，一听说有这样的事，动了私心，觉得机不可失，根本没告诉始毕可汗，就直接带着自己的部落，赶着牛羊到马邑来交易了。没想到，刚一到马邑关下，埋伏好的隋朝士兵就一拥而上，把他和他的部落连窝端了。

算计了史蜀胡悉也就罢了，裴矩还用隋炀帝的名义给始毕可汗写了一封信，说："史蜀胡悉忽领部落走来至此，云背可汗，请我容纳。突厥既是我臣，彼有背叛，我当共杀。今已斩之，故令往报。"史蜀胡悉也不知道怎么回事，突然背叛可汗，领着部落转来投靠我了。可汗你是我的臣子，你的臣子背叛你，我绝不能容忍。所以我替你把他杀了，现在跟你通报一声。这不是倒打一耙吗？

这种鬼话始毕可汗才不信，他固然纯朴，可也不是傻子，隋炀帝这是得了便宜还卖乖，从此始毕可汗对隋炀帝恨之入骨。

现在，听说隋炀帝要来巡幸塞北，始毕可汗笑了：既然你自己送上门来，可别怪我不客气。接到隋炀帝的诏书之后，他就率领着几十万兵马，杀气腾腾地往南扑过来了！

隋炀帝一行往北走，始毕可汗一行往南来，是不是双方就要遭遇上了？并没有。因为始毕可汗的妻子——义成公主给隋炀帝送信了。义成公主是隋朝的宗室女儿，隋文帝把她嫁给启民可汗，启民可汗去世后，她又依照突厥的习俗，嫁给了启民可汗的儿子始毕可汗。和亲的女儿总是心向母国，现在她一看到始毕可汗率领大军南下，赶紧派人给隋炀帝送信，告诉他，情况有变，再也不要往前走了！

义成公主这封密信一送到隋炀帝手里，隋炀帝真是吓了一跳。他虽然也有十几万人，但是，因为开始的目的是巡幸，不是打仗，所以真正的战斗部队没多少，哪里打得过始毕可汗的几十万骑兵！怎么办呢？幸好当时他们离雁门郡（今山西石玉县南）还不远，就赶紧退回雁门郡了。

二、雁门之围

这时候，形势已经相当危急了。隋炀帝一行在八月十二日退守雁门，到第二天，也就是八月十三日，突厥的骑兵已经包围了雁门郡，很快，雁门郡下属的四十一城就被攻克了三十九座，只剩下雁门郡城和崞县（今山西原平）还在隋朝手里。而且，就这两个硕果仅存的城池，形势也是相当危急。

突厥围城之后，一时间箭如雨下，其中，有些箭头甚至就落在隋炀帝脚下，隋炀帝这时候也失去了往日的骄傲，抱着小儿子赵王杨杲泪如雨下，而且哭得“目尽肿”，帝王威仪荡然无存。

军事不利还不是全部问题，更要命的是，雁门的粮食也不够吃。小小一座城池，一下子涌进来十多万人，再加上原有的军民，总人口达到十五万，储存的粮食只够吃两旬（20天），就算省着吃，也绝不会超过四十天。如果四十天之内不解围，就算不被杀死，也得被饿死了。这可怎么办？

危急时刻，隋炀帝赶紧把身边的亲信大臣召集起来，让他们发表意见。第一个说话的当然是隋炀帝最信任的宰相宇文述。他说：在这里待着就是死路一条，所以，皇帝应该带领几千精锐骑兵赶紧突围。

这个意见刚一提出来，老臣苏威马上表示反对。他说：“城守则我有余力，轻骑乃彼之所长，陛下万乘之主，岂宜轻动！”我们擅长守城，突厥人擅长野战，怎么能用我们的短处去拼敌人的长处呢？陛下是万乘之主，怎么能冒这种险！

两相对照，谁的意见更好？当然是苏威的更合理。所以，苏威话音刚落，曾经在杨玄感叛乱期间坚守洛阳城的民部尚书樊子盖马上表示支持。他说：“陛下乘危徼幸，一朝狼狈，悔之何及！不若据坚城以挫其锐，坐征四方兵使入援。”陛下现在如果轻易地跑出去，一旦人家大军来追，那可就后悔都来不及了。我建议，咱们不如坚守雁门城。先挫伤敌军的锐气，再征召天下援军，让他们赶紧救援。

紧接着，另一个大臣虞世基也表态同意厚赏士卒，坚守雁门。

这样一来，三比一，坚守的意见占了上风。

问题是，只靠死守也不行，还要想一些办法，争取主动。这时候，萧皇后的弟弟——内史侍郎萧瑀又贡献了一条意见：“突厥之俗，可贺敦预知军谋；且义成公主以帝女嫁外夷，必恃大国之援。若使一介告之，借使无益，庸有何损。又，将士之意，恐陛下既免突厥之患，还事高（句）丽，若发明诏，谕以赦高（句）丽、专讨突厥，则众心皆安，人自为战矣。”

什么意思？他其实提到了两件事。

第一件，萧瑀说，按照突厥的风俗，可贺敦是可以参与军机的，所以，我们应该赶紧派出使者去找始毕可汗的可贺敦义成公主，让她想办法叫可汗退兵。她是我们大隋派出的和亲公主，她在突厥的地位要靠大隋的支持，所以，她肯定得帮娘家的忙。

这其实是汉朝初年，刘邦困白登山时候的故技。当年，汉高祖刘邦被匈奴人围困，万般无奈之际，就是靠贿赂匈奴单于的阏氏（相当于皇后），才得以脱身的。萧瑀熟读史书，对这个故事了然于心。

另外一件事，萧瑀认为，现在将士们之所以态度不十分坚决，是因为害怕陛下从突厥这里脱身之后还要去征讨高句丽，如果陛下明确下诏，赦免高句丽的罪状，专心对付突厥，那么，将士们的心安定下来，也就会力战到底了。

萧瑀这个主意非常得体，内外兼顾，远愁近虑，体现出了一个负责任的谋臣风范。

既然如此，那就照这个主意办吧。隋炀帝雷厉风行，马上采取了三个措施。

第一步，派人突围出去，给义成公主送信，让她想办法劝始毕可汗退兵。

第二步，下诏书招募天下诸郡发兵勤王。

第三步，激励士卒，请他们务必坚守。

尤其是这第三步，隋炀帝做得太卖力了，不仅像萧瑀所说的那样许诺不再征讨高句丽，还亲自巡视守城士兵，对他们说：“**努力击贼，苟能保全，凡在行陈，勿忧富贵，必不使有司弄刀笔破汝勋劳**。”诸位都努力打仗，只要能够保全我的性命，我一定许你们大富大贵。倘若那些刀笔吏想凭借笔杆子把你们的功劳抹杀掉，我一定替你们做主！

守城士兵到底能得到怎样的奖赏呢？隋炀帝狮子大开口，说：“**守城有功者，无官直除六品，赐物百段；有官以次增益**。”只要守城有功，如果你现在是一介白丁，一点官职都没有，解围以后直接升六品官，还要赐布一百段；如果你现在已经有官职了，没关系，从这六品的基础上再往上加就是。

皇帝亲自出面封官许愿还不够，隋炀帝还派出使者，替他慰劳士兵，一天派出去若干批次，后面一个都能望见前面一个的背影，可见频度之高。

这三个步骤都十分打动人心，因此效果也非常明显。

首先，城里守卫的士兵都觉得隋炀帝挺有诚意的，许诺的奖赏也让人满意，所以，士气顿时高昂起来。个个摩拳擦掌，人人奋勇杀敌。这样一来，内部就稳定多了。再看外部。义成公主接到隋炀帝的告急信后，马上做出了积极反应。按照突厥人的惯例，始毕可汗率众南下，她便留守在大帐。这时候，她从大帐派人给始毕可汗报信，说“**北边有急**”，让始毕可汗赶紧回去救火。她这么一说，始毕可汗心里当然不踏实起来。

再看援军情况。隋炀帝不是下诏全国救援吗？这时候，各地的援军也都纷纷赶来了。在所有的勤王军队中，有两个人表现非常突出。

第一个，江都的王世充。此人可是在隋末唐初叱咤风云的人物。王世充家族本来也有胡人血统，本姓支，后来辗转来到中原，才改成姓王。王世充当时担任江都宫监，因为擅长给隋炀帝兴修亭台楼阁，镇压江都周围的农民起义也非常得力，所以，很讨隋炀帝的喜欢。隋炀帝的征兵诏书一到，王世充马上行动起来了。根据《隋书·王世充传》中的记载："世充尽发江都人将往赴难，在军中蓬首垢面，悲泣无度，晓夜不解甲，藉草而卧。"王世充一听说皇帝有难，马上把江都所有能动员的人都动员起来了，动员之后，他自己也穿上一身戎装来到军营，头也不梳，脸也不洗，就大哭起来，直哭得昏天黑地。为了加快行军速度，他根本就不脱下甲胄睡觉，实在累极了就靠在草堆上歇一会儿。

王世充为什么要这样做？这是表现对皇帝的忠诚和热爱。一个大臣，对皇帝忠诚到这个程度，隋炀帝能不感动吗？从此，王世充就开始崭露头角了。

第二个，李世民，也就是后来的唐太宗。王世充的突出之处还只是救援态度好。李世民比王世充还出色，不光态度好，能力也强。当时，李世民只有十六岁左右，一看到隋炀帝的诏书，马上应征入伍，隶属于屯卫将军云定兴的麾下。

云定兴就是废太子杨勇的宠妃云昭训的爸爸，后来杨勇一家倒霉，云定兴又巴结隋炀帝的宠臣宇文述，转而投靠了隋炀帝，这时候已经升为屯卫将军了。可云定兴是个手艺人出身，让他设计一件衣服、做一顶帽子都没有问题，但是行军打仗，其实并不是他的长项。将军水平不高，整支部队都会吃大亏。怎么办呢？这时候，就凸显出李世民的英雄本色了。他对云定兴说：“始毕敢举兵围天子，必谓我仓猝不能赴援故也。宜昼则引旌旗数十里不绝，夜则钲鼓相应，虏必谓救兵大至，望风遁去。不然，彼众我寡，若悉军来战，必不能支。”这其实是出了一条疑兵计。

这条计策的大意是说，始毕之所以敢于围困天子，就是觉得咱们不可能这么快就去救援。所以，我们一定要昼夜兼行。但是，我们人少，而始毕可汗人多，如果让他们知道虚实，必定不怕我们，来和我们打，而我们肯定打不过。怎么办呢？我们不能实打实地来，而是应该故布疑阵，白天让士兵都拿上旗帜，走长蛇阵，搞出个几十里旌旗不断的声势来；晚上再敲锣打鼓，闹得动静越大越好。这样一来，始毕可汗以为救援大军到了，肯定会望风逃窜。

云定兴一听，有道理，马上照办。照办之后的效果据说相当好，始毕可汗果然乱了阵脚，后来《新唐书》等官修史书也都浓墨重彩地书写这件事，把这条计策作为李世民英雄天纵的一个证据。但是，千年之后，也有一些当代学者认为，这只是李世民后来当了皇帝之后给自己涂脂抹粉，不一定是事实。

到底怎么看待这件事呢？我觉得，若说云定兴这支军队对始毕可汗有什么决定性的打击或者影响，这恐怕谈不到，因为毕竟还有其他更重要的援军。但是，若说李世民曾经给云定兴出过这样一个主意，应该也假不了。为什么会有这样的判断呢？因为从李世民后来东征西讨的功业中我们可以看出，他一直是一个胆大急进、喜欢冒险的军事统帅。这一次的献计正符合他的作战风格，算是牛刀小试。一个十六岁的少年能够有这样的眼界和胆识，真可谓初生牛犊不怕虎，自古英雄出少年！

既然三条举措都发挥了作用，形势对始毕可汗就逐渐不利起来了。雁门郡的守军誓死抵抗，他一时半会儿攻不进去；各路勤王大军又纷纷赶来，其中最近的已经到达忻口（今山西忻州市北），马上就会兵临雁门城下；可贺敦又报称草原有变，后院起火。三种因素加起来，始毕可汗决定，教训一下隋炀帝就算了，撤兵！

这样，到九月十五日，始毕可汗解围而去了。眼看着突厥大兵滚滚北走，隋炀帝提了一个多月的心才终于放了下来。又因为知道援军很近了，他的精神也振奋了不少。有了后盾，就不能这么轻易放过始毕可汗了，隋炀帝下令，赶紧派骑兵出去，追着突厥人的尾巴打！结果竟然俘虏了突厥的老弱病残两千多人，算是小胜。

到九月十八日，隋炀帝正式离开雁门，前后算起来，被围困了整整三十七天。真是受够了惊吓，也丢尽了颜面。本来想着靠北巡突厥给自己长长威风，改善一下国际形象，没想到又是事与愿违，隋炀帝真是郁闷透了。

三、内外交困

离开雁门之后，往哪里走？按照一般想象，现在里里外外都一团糟，应该回老家，回大兴城。因为关中是关陇贵族集团的老巢，也是隋朝的根基所在。既然外面乱了，那至少应该把家守好。不光我们这么想，老臣苏威也趁机劝隋炀帝：“今盗贼不息，士马疲弊，愿陛下亟还西京，深根固本，为社稷计。”现在外面兵荒马乱，军队也已疲惫不堪，请陛下赶紧回西京大兴城，把我们的根本保住。

面对老臣的劝谏，隋炀帝点头答应了，但是，答应得不情不愿。为什么？因为他有英雄情结。

当年，项羽兵败乌江，有人劝他渡过江东，重整旗鼓，项羽说，我率八千子弟出来，现在就剩我一个人，我没脸回去。现在，隋炀帝其实也不乏这种想法，当年在大兴城登基的时候，那是何等的豪迈，一心想当个功追汉武的好皇帝。可是现在家里乱了，外头输了，这时候回去，怎么见关中父老？

宇文述虽然在雁门被围的时候没出过什么好主意，但这时候，他可看出隋炀帝的态度来了。怎样才能让皇帝满意呢？宇文述说："从官妻子多在东都，宜便道向洛阳，自潼关而入。"我们确实应该回大兴城，但是文武百官的妻子、儿女都在洛阳，所以我们不如先去洛阳把他们接上，然后再从潼关回大兴城，这也不晚。这个建议，等于给隋炀帝缓了一步，隋炀帝马上欣然接受了。

就这样，一行十多万人又来到了东都洛阳，总算是能够休整一下了。休整之后应该干什么事？按照一般道理，最紧迫的事情就是论功行赏。这可是隋炀帝当初承诺的，士兵们也都眼巴巴地盼着呢。事实上，一到洛阳，隋炀帝也确实召集大臣讨论这件事了。那么，大臣是什么态度呢？

老臣苏威先打了头炮。他说："勋格太重，宜加斟酌。"当初设的赏格太重了，怕是国家承受不起，还是再斟酌一下吧。

这不是言而无信吗？一听苏威这么说，亲自指挥打仗的老将樊子盖坐不住了，他愤然道：再怎么困难，也不能失信于将士。人无信则不立，何况是皇帝呢！陛下难道忘了当初危难之际自己对将士的承诺了吗？

苏威和樊子盖的意见哪个更有道理？当然是樊子盖的，因为这是一个政治信誉问题。那么，隋炀帝到底听谁的呢？他听苏威的。樊子盖再想争执几句，隋炀帝眼睛一瞪，威吓道：“**公欲收物情邪！**”你想拿我的国库去收买人心吗？吓得樊子盖再也不敢说话了。

从这点来看，隋炀帝很像项羽。当年，韩信曾跟刘邦分析过项羽的弱点，他说：“**项王见人恭敬慈爱，言语呕呕，人有疾病，涕泣分食饮，至使人有功当封爵者，印刓敝，忍不能予，此所谓妇人之仁也。**”项王对待将士恭敬慈爱，语言温和，将士生病了，项王会心疼得流泪，甚至将自己的饮食分给他们。但等到有人立下战功，按规章制度应该加官晋爵时，他却把刻好的大印放在手里磨得失去了棱角，也舍不得给人，这就是所谓的妇人的仁慈了。也就是说，项羽只有小算计，不讲大原则。这不是和隋炀帝一样吗？

那么，隋炀帝到底是怎么奖赏将士的呢？

当初他说，只要参战就当官，现在改了，一共一万七千立功将士，真正授勋官的只有一千五百人，还不到十分之一。

当初他说，起家就给六品官，现在也改了，以前如果是白丁，只给立信尉，这是从九品官。

当初他说，每人赏一百段布，现在也一笔勾销，一毛不拔。这三项重赏都落了空，士兵可就炸锅了，纷纷骂皇帝过河拆桥。

更要命的是，雁门被围的时候，隋炀帝信誓旦旦地说，以后一定不再征讨高句丽了，将士都觉得这是最后一次拼命，所以才奋勇杀敌。可是现在，刚刚从雁门回来，隋炀帝又发话了，明年还要讨伐高句丽！这样言而无信，以后谁还敢再相信他说的话！所以，“将士无不愤怨”。这样一来，隋朝的禁军也跟隋炀帝离心离德了。

光是对士兵过河拆桥还不够，隋炀帝居然又拆到大臣头上了。雁门被围的时候，谁出的主意最管用？当然是萧瑀。可是，隋炀帝大概觉得自己居然沦落到让萧瑀指点，很丢面子吧，一回到东都洛阳，就对群臣说：“突厥狂悖，势何能为！少时未散，萧瑀遽相恐动，情不可恕！”突厥人悖逆犯上，有什么了不起的？刚围了雁门几天，萧瑀就在那儿耸人听闻，恫吓寡人，这样的人我怎么可能饶恕呢！

怎么处理他？隋炀帝干脆把萧瑀贬为河池（今陕西凤县）郡守，让他从自己身边走人了。

又是打压樊子盖，又是贬走萧瑀，官员的心也都凉了。

事已至此，应该怎样评价雁门之围呢？我觉得，因为这次冒失的北巡，隋炀帝又有两大损失。

第一，跟突厥关系恶化。因为雁门之围，隋朝跟突厥的矛盾公开化了，突厥也就再次成为大隋边境的最大威胁，这可比跟高句丽失和厉害多了。为了防范突厥，隋炀帝被迫加强太原、马邑等地方的边防，任命表兄弟李渊担任太原留守。后来，恰恰是李渊利用了手中的权力，拉起造反的大旗，隋朝也最终变成了唐朝。

第二，因为雁门之围后对将士和谋臣处置失当，隋炀帝又进一步失去了军心，也失去了正直的大臣，更加陷入孤家寡人的境地。

本来国内形势已经乱成一团，现在，又加上了糟糕的四夷形势和难以收服的人心，隋炀帝可以说是一错再错。那么，下一步，他准备怎样收拾局面呢？

第七章 三下江都

隋炀帝当皇帝期间，共有三次下江都的经历，前两次都是风风光光，挣足了面子，摆尽了排场。但到三下江都时，却弄了个灰头土脸，狼狈不堪。为什么同样的行为，会有如此不同的效果？他为什么非要到江都去？这一次江都之行将是什么结果？

一、国家失控

隋炀帝到底是一个什么样的皇帝？我觉得，他的皇帝生涯可以分为三个阶段。

第一个阶段是从大业元年（605）到大业六年（610），这个时期，他是个明君。修东都、开运河、拓疆土，虽然也不乏劳民伤财的成分，但总的来说还都是利在千秋的好事，他做得有眼光、有气魄，也让隋朝达到了极盛，所以叫明君。

第二个阶段是从大业七年（611）到大业十一年（615），这个时期，他是个暴君。为了征讨高句丽，实现自己的政治理想，他不顾客观历史条件，任性妄为，把老百姓和国家都拖进了灾难中，所以叫暴君。

第三个阶段是从大业十二年（616）开始到他的人生终结。这个时期，他是昏君。因为在前两个时期，虽然他既有功，又有过，但他都知道自己的帝王责任，也竭尽所能地履行帝王责任，只存在履行得好和不好的问题，而到了第三个时期，他已经不知道自己的责任是什么，也不想履行什么责任了，只想浑浑噩噩混日子，所以叫昏君。

而第三个阶段之所以从大业十二年（616）开始算起，是因为这一年隋炀帝第三次下江都。这一去，他就再也没有回来。

隋炀帝为什么要再下江都？因为当时国家已经失控了。举一件事就能明白。

古代皇帝在元旦都要举行大朝会，地方政府和周边附属民族都得派官员或者使者朝觐皇帝。隋炀帝是个好排场、爱热闹的人，因此在他统治时期，大朝会搞得更是花团锦簇。可是，到大业十二年（616）元旦，大朝会一下子就冷清下来了。

首先，已经没有外国君主或者使者前来朝贡了，这其实是隋炀帝三征高句丽失败和雁门之围的后果。周边民族都不再买隋炀帝的账，这也意味着隋朝两代皇帝苦心经营的以隋朝为主导的东亚国际秩序已经崩溃了。

其次，国内各郡派出的朝集使也有二十多位没能及时赶到东都。因为此时遍地都是起义军，有的郡被围住了，根本出不了城，还有的是使臣在路上被堵住了，进不了东都。

连一年之中最隆重的大朝会都举行不下去，可见当时的国内形势有多严峻。

面对这种局面，隋炀帝是什么反应？他不是去想怎样应对问题，解决问题，而是陷入一种既恐惧又绝望的心境之中了。

先说恐惧。根据《资治通鉴》中记载，从大业八年（612）第一次东征高句丽失败开始，隋炀帝就已经有失眠多梦的症状了。就是“每夜眠恒惊悸，云有贼，令数妇人摇抚，乃得眠”。

隋炀帝夜里睡觉，总是突然一下子就吓醒了，醒了之后就大喊有贼，得好几个妇女在身边拍着他、摇着他，才能再次入睡。这还是皇帝吗？这简直是吓坏了的小孩子啊！

到了大业十二年（616），这个症状更严重了，而且，还经常因为一点小事自己吓自己。比如说，当年四月，洛阳的大业殿西院发生火灾，本来也不是多大的事，可是，隋炀帝的第一反应居然是起义军已经打进宫里来了，连滚带爬地跑到宫殿后面西苑的草丛之中躲了起来，直到火彻底扑灭，才战战兢兢地重新回到宫里。这说明他内心深处天天害怕起义军打进来，已经到了风声鹤唳、草木皆兵的程度了。

再看绝望。大业十二年（616）五月，隋炀帝住在景华宫，嫌夜里山谷太暗了，他就派人到处找萤火虫来照亮。下面的人不敢违抗，赶紧分头去捉，一下子捉了好几斛。隋炀帝把这些萤火虫放到山谷之间，看着它们忽上忽下，发出点点微光，高兴得手舞足蹈。

有人可能会想，这有什么大不了的？一个皇帝，有点这样的小爱好也无伤大雅。没错，这样的爱好本身不算什么，问题是，这和隋炀帝的个性严重不符。隋炀帝是一个精力充沛、干劲十足的皇帝，恨不得带着天下人往前跑，还嫌大家跑得不够快。而现在，在天下扰攘的情况下，他居然躲在宫里玩萤火虫，这绝不意味着他有情趣，而是意味着他的内心已经充满着空虚感和无力感，他绝望了。

可是，隋炀帝不是个英雄天子吗？当年干了那么多大事，哪一件不是豪气干云？怎么现在遇到挫折，就会如此绝望？其实，这就是隋炀帝的秉性使然。正因为他如此英雄，所以，他也无比骄傲，就像一块生铁一样，质地非常硬，但也非常脆。不遇到挫折的时候可能无比强悍，可一旦遇到挫折，马上就断了。

国家形势如此严峻，隋炀帝又是如此恐惧和绝望，那么，他的下一步该怎么走？这时候，隋炀帝开始考虑往江都走了。江都是隋炀帝的起家之地，大业五年（609）又修了江都宫，算是隋朝的第三个首都，也是整个南方的政治中心。南方固然也有起义军，但总的来说，情况比北方要好得多。更重要的是，从西晋末年永嘉之乱开始，国家一有动乱，朝廷就往南跑，这已经成了惯例。隋朝是刚从南北朝走出来的，对这种局面记忆犹新，大不了再走回去，重新割据。

然而，中国历史上，在江南建国的都是小朝廷，最后都要被北方统一，成不了气候。隋炀帝当年亲自率军统一的江南，现在自己再躲到江南去割据，多没出息！话虽如此，问题是，隋炀帝已经对现实绝望了，所以也就不在乎有没有出息，把剩下的一点精力都用来准备南下了。他的准备工作分两步走。

首先，从大业十一年（615）开始，隋炀帝已经下诏在江南修离宫别馆。比如说在毗陵（今江苏常州），就仿照洛阳的西苑修了一组方圆十二里的离宫，而且规格非常高，据说比西苑还要华丽，这是在给自己准备退路。

其次，他还得准备交通工具。当年隋炀帝一下江都、二下江都，都是坐龙舟沿着运河过去的，但是杨玄感叛乱，运河上停靠的龙舟已经让他一把火都烧了。怎么办？还是在大业十一年（615），隋炀帝又让江都王世充重新修造数千艘船，造好了送东都备用。

总之，从雁门回来之后，隋炀帝就开始紧锣密鼓地为下江都做准备了。

二、苏威被贬

隋朝的根基毕竟在关中地区，官也好，兵也好，关中人士都占了不小的份额。现在，隋炀帝想要去江都，那也就意味着他要放弃关中，乃至整个北方了，这对那些关中人来说意味着抛家舍业，难道他们都心甘情愿吗？当然不是。

在雁门之围刚刚解围后，老臣苏威就曾经劝说隋炀帝，赶紧回大兴城，那才是根本之地，宗庙社稷所在。现在隋炀帝准备抛弃北方，苏威难道不会力谏吗？他再也不会了，因为此时的苏威已经是泥菩萨过江 —— 自身难保了。

从雁门回来后，苏威就跟隋炀帝产生了矛盾。大业十二年（616）四月，隋炀帝问宰相关于起义军的情况。宇文述是他最亲信的宰相，又特别擅长揣摩隋炀帝的心思，他知道隋炀帝这时候已经心灰意冷，爱听好消息，不爱听坏消息，所以赶紧说："渐少。"起义军越来越少了。

隋炀帝一听挺高兴，又追问了一句，少了多少？

宇文述怎么回答？他说："不能什一。"原来有十个，现在都不到一个了，减少了十分之九以上。

简直是睁眼说瞎话！苏威在一边听不下去了，又不愿意揭穿他，赶紧躲到柱子后头，希望皇帝别看到他，更别问他。问题是，他这么一躲一藏，隋炀帝反倒注意到他了，于是问他怎么看这个问题。

苏威想了想说："臣非所司，不委多少，但患渐近。"我不是主管这件事的，不知道盗贼一共有多少，我只是担心他们越来越近了。

隋炀帝一听，赶紧问，此话怎讲？苏威说："他日贼据长白山，今近在汜水。且往日租赋丁役，今皆何在！岂非其人皆化为盗乎！……又昔在雁门，许罢征辽，今复征发，贼何由息！"

过去盗贼是在长白山（山东），而今已经到了汜水（河南），这不是越来越近了吗？还有，我一直主管财政，就从这个角度来推测一下吧，往年咱们有多少租赋丁役，都是依据人丁征收的。可现在根本收不上来。为什么收不上来呢？还不是因为这些纳税人都成了盗贼了！

这几句话说出来，隋炀帝已经很不高兴了，可是，苏威还觉得没说够，又追加了一句：去年陛下在雁门的时候，亲口许诺不再征讨高句丽，现在又说要征发士兵讨伐辽东。要知道，这些盗贼都是因为征发辽东才造反的，陛下这样做，盗贼怎么可能平息？

苏威这番言论说得真好。既含蓄又有分量，还切中要害，老大臣一辈子的政治智慧都发挥出来了。不过忠言逆耳，隋炀帝对此作何反应呢？按照《资治通鉴》中的记载，“帝不悦而罢”。隋炀帝非常不高兴，拂袖而去了。这不就是讳疾忌医吗？这是两个人第一次起冲突。

没过几天，苏威和隋炀帝的矛盾升级了。当时是五月初五，端午节，按照习俗，大臣要给皇帝送礼。一般大臣都送的是珍玩宝器一类的东西，只有苏威送了隋炀帝一册《尚书》。众所周知，《尚书》是最早的儒家经典之一，里面记载的都是夏、商、周时期的历史事件和历史教训，特别突出仁君治民之道和贤臣事君之道，所以在古代非常受重视。苏威献这本书，虽然在节日期间似乎有点过于严肃，但是也无可非议。

问题是，苏威当时和隋炀帝已经有矛盾了，有人就在隋炀帝面前诋毁道：苏威为什么献这本书？是因为《尚书》里面有一篇《五子之歌》，是讲夏朝的君主太康的故事。太康这个人一味地游玩打猎，不理朝政，最后被后羿给驱逐了，这在历史上叫太康失国。苏威现在是故意借这篇故事来讽刺陛下！

这个谗言非常有力量，因为它恰好吻合了隋炀帝当时的处境。隋炀帝心里清楚，自己就是太康那样的人。他也害怕把国家丢掉啊！越害怕就越不愿意让人提起。现在苏威偏偏哪壶不开提哪壶，他当然更不满意了。这是第二次冲突。

没过多久，隋炀帝和苏威的矛盾再次升级。这次是因为隋炀帝又向苏威问起再次兴兵讨伐高句丽的事了。

可能很多人觉得奇怪，隋炀帝因为征讨高句丽已经惹出这么大的麻烦了，他怎么就执迷不悟，非要再打高句丽？其实，这就是隋炀帝的一个心结。他知道，自己现在面临的一切问题，诸如人民造反，国际地位下降，甚至跟大臣失和，等等，起因都在高句丽这儿，可是越是这样，他就越觉得不甘心，越觉得只要把高句丽拿下，一切问题就可以迎刃而解。所以才会像着了魔似的，非要打高句丽。

苏威是“五贵”之一，隋炀帝要打高句丽，当然得征求他的意见。按照我们之前对苏威的了解，他肯定不会认同。问题是，要怎么回复，才能让皇帝放弃这么危险的主张呢？他说：“今兹之役，愿不发兵，但赦群盗，自可得数十万。遣之东征，彼喜于免罪，争务立功，高（句）丽可灭。”陛下愿意打也可以，但是我考虑，这次打仗都不用征兵了。我们只要把群盗赦免就好了。只要一赦免群盗，立刻几十万军力就出来了。陛下赦免他们的罪过，让他们戴罪立功，他们肯定感恩戴德，奋勇争先。这样一来，就可以灭掉高句丽了。

这个回答真够用心良苦了，又顺着隋炀帝说可以打高句丽，又跟他亮明了当时天下大乱，义军蜂起的现状，希望隋炀帝能够幡然悔悟，真正考虑一下当务之急。说得婉转迂回，算是曲谏，这本来是一番好意。

不料隋炀帝一听之下，马上恼羞成怒了。他怒气冲冲地对另一个宰相裴蕴说：“老革多奸，以贼胁我！欲批其口，且复隐忍。”所谓老革，就是老皮老脸，老家伙。这个老东西，他居然敢拿所谓的盗贼来威胁我！我真想当场打他几个嘴巴，好不容易才忍了下来。

裴蕴是最会见风使舵的人，一听隋炀帝这个口风，赶紧鼓动了一个人诬告苏威，说：“威昔在高阳典选，滥授人官，畏怯突厥，请还京师。”这人一共罗列了苏威三大罪状。

第一，滥授官爵。

第二，畏惧突厥。

第三，请求皇帝回大兴城。

这简直是莫须有。苏威选官的情况今天已经不得而知，暂且不论。但是，要说畏惧突厥，雁门之围的时候，隋炀帝的眼睛都哭肿了，还有谁比他更畏惧吗？再说让皇帝回大兴城，那难道不是最好的决策吗？可是，隋炀帝才不管什么是非，真就拿这三个莫须有的罪名给苏威定罪，直接把他除名为民了！

这还不算完，紧接着，又有人落井下石，控告苏威勾结突厥，隋炀帝又让裴蕴立案侦查，裴蕴倒干脆，直接给判了个死刑。如前所述，苏威是个比较软弱的人，这时候已经八十多岁了，但是，为了活命，也只好叩头告饶，请求隋炀帝看在自己侍奉两朝三十多年的份儿上饶他一命。

隋炀帝看他实在可怜，也就饶了他这一回。但代价是把他本人还有子孙三代全都除名为民，这样他就再也不能对政治发表意见了。

为什么在这样重要的历史节点上长篇大论地讲苏威的问题？不光是因为苏威头脑清醒，能给隋炀帝出好主意，还因为他是当时关陇贵族集团的政治代表，也是唯一有可能反对隋炀帝下江都的人。

前文提到，隋炀帝后期，在政治上有发言权的，就是所谓“五贵”。“五贵”里头，裴蕴和虞世基是南方人，隋炀帝到南方，对他们来讲差不多就是恢复陈朝的局面，他们自然不反对；

裴矩是北齐人，属于北方，但他基本上就是一个国际问题专家，其他事情不大参与意见。而宇文述虽然也是关陇贵族集团成员，但从他的所作所为来看，他更像一个佞臣，只知道讨好隋炀帝，根本没有自己的政治立场和原则。

这样一来，真正有头脑，能代表关陇贵族利益，代表北方利益，其实在这一刻也代表国家利益的宰相只有苏威了。现在苏威被除名为民，在决策层里，隋炀帝下江都也就再无阻碍。

三、三下江都

果然，苏威刚被贬官，江都修的龙舟就到了，宇文述马上向隋炀帝提出来，请隋炀帝巡幸江都。这正中隋炀帝下怀，他立马就同意了。既然如此，整个朝廷是不是又二话不说，跟着他就走？也不是。虽然这时候决策层已经没有了反对的声音，但好多地位没那么高的人倒是忧国忧民，坚决反对。例如，右候卫大将军，也是关陇贵族集团出身的赵才这时候就进谏说："今百姓疲劳，府藏空竭，盗贼蜂起，禁令不行，愿陛下还京

师，安兆庶。”如今百姓疲惫劳苦，国库空虚，盗贼蜂拥而起，国家法令都已形同虚设。希望陛下返回京师，安抚天下百姓。

隋炀帝一听，直接把他关了起来。这还算好的。另一个六品小官建节尉任宗上书劝谏，隋炀帝干脆在朝堂上一顿板子把他打死了。紧接着，九品小官奉信郎崔民象也上表隋炀帝，请他以江山社稷为重，不要巡幸江都，隋炀帝这次更狠，先把他的嘴削掉，然后再砍头。有这样血淋淋的例子在前头，朝廷里还有谁敢再说什么？

朝廷里确实万马齐喑了，但隋朝除了有朝廷，还有后宫。隋炀帝出巡，自然不可能把所有的妃嫔宫女都带上。那些妃嫔宫女虽然在深宫里，可也知道现在天下大乱，皇帝这一去恐怕就回不来了，那她们不就没人管了吗？所以，整天拉着隋炀帝哀哀哭泣，请他留下来。

对这些妃嫔宫女，隋炀帝如何处理？这一次，他倒是惜香怜玉，不杀人了，还赋诗一首，说：“**我梦江南好，征辽亦偶然。但存颜色在，离别只今年。**”其实我向往的是江南的美好，征讨高句丽只是偶然兴之所至罢了。你们都好好保养自己美丽的容颜吧，我只是到江南看看，明年就回来。

这诗写得怎么样？看起来风流倜傥，但是，实在太不真诚了。其实这时候，无论是他本人还是妃嫔宫女，谁都知道，这一去就不可能再回来了，再写这样的诗，就不是多情，而是真正的无情了！

就这样，在一片反对声和哀哭声里，隋炀帝还是义无反顾地带着皇亲国戚、妃嫔宫女、文武百官、僧尼道士以及禁军骁果沿着运河下江都了。把两京都留给了自己的孙子和大臣。其中，在西京留守的是代王杨侑，在东都留守的则是越王杨侗。这两个人都还只有十几岁。当时北方的乱局，连隋炀帝自己都处理不了，居然就把它扔给两个十几岁的孩子，这不就是放弃了吗？

这已经是隋炀帝第三次下江都了。

第一次是在大业元年（605），那个时候，隋炀帝刚刚当上皇帝没多久，下江都颇有点衣锦还乡的意味，再加上运河是新开的，龙舟也是新造的，一切都是春风得意，一路上杨柳依依，旌旗猎猎，那是何等的惬意！

第二次是在大业六年（610），那个时候，隋炀帝对内完成了几项大工程的建设，国富兵强，对外则通过西出北巡，成了名副其实的圣人可汗，隋朝的国力达到顶峰，江都宫也刚刚落成，成了隋朝的第三个首都，在这种情况下巡游，那是何等的豪迈！

可是这次，效果就完全不一样了，隋炀帝一路上听到的都是各地造反的消息，而且，还不断有人拦路上书，请求隋炀帝不要走。隋炀帝一行刚刚到汜水，也就是河南荥阳，奉信郎王爱仁就冒死上表，请求隋炀帝返回大兴城。隋炀帝二话没说，把王仁爱斩了，接着走；走到梁郡，也就是商丘，又有老百姓上书说："陛下若遂幸江都，天下非陛下之有！"陛下如果真的执意下江都，那天下就不归您所有了啊！隋炀帝又是二话没说，砍了他的头，再走。就这样，一路砍头，一路往前走，这还算什么巡游？简直就是突围逃跑了！

根据笔记小说《海山记》中记载，有一天半夜，隋炀帝忽然在龙舟上听见有人唱歌："我兄征辽东，饿死青山下。今我挽龙舟，又困隋堤道。方今天下饥，路粮无些少。前去三十程，此身安可保。寒骨枕荒沙，幽魂泣烟草。悲损门内妻，望断吾家老。安得义男儿，焚此无主尸。引其孤魂回，负其白骨归。"我兄长替皇帝去征讨辽东，结果就饿死在青山脚下。如今我替皇帝拉纤，又困在了隋堤的官道上。现在天下都已经没有粮食了，我是饿着肚子往前走的。可是山一程水一程，离江都还有三十程（三百里）的路呢，我肯定到不了目的地，就会饿死在半道。死了之后，我的骨头就枕在黄沙上栖息，我的孤魂就绕着荒草飞舞。知道我这种惨状，远在家乡的妻子一定会为我悲啼，父母也一定会为我号啕。不知我能否有幸遇到一个义气的男儿，能够把我的尸骨背回家去，引导着我的孤魂还乡，别让我的灵魂无依无靠！

这悲哀的歌声太凄凉、太不吉利了，隋炀帝赶紧让人去查是谁在唱，可是，却根本查不出来，隋炀帝也因此怅然若失。这件事是不是真的？很可能不是真的，但是，这个传说所反映出来的情绪一定是真的。事实上，如果真让老百姓发出声音，那么，他们骂得一定比这还要狠；而隋炀帝的心情，恐怕也比他表现出来的要凄凉多了。

就是在这样的悲凉心境之下，隋炀帝终于到了江都。就在到江都之后没多久，又一个打击接踵而至。他最信任的大臣宇文述一命呜呼了。宇文述可是隋炀帝的藩邸旧臣，当年为隋炀帝登基效力不少，此后一直在隋炀帝身边，逐渐成了所谓“五贵”之首。

当然，宇文述人品并不好，没给隋炀帝出过什么好主意，还陷害了不少好人。但他毕竟是隋炀帝身边的元老重臣，见识过隋炀帝前些年的兴，也目睹了隋炀帝后几年的衰。无论如何，他还是隋炀帝当时最为倚重的大臣。

现在，苏威废了，宇文述死了，隋炀帝身边的“五贵”只剩了三个。在当时大厦将倾的情况下，这个人数越来越寥落的宰相班子也显得无比凄惶。这恐怕也是此次巡游江都的整体基调了。

回过头来，应该怎样评价隋炀帝第三次下江都？一言以蔽之，就是放弃责任。而且，为了能够放弃责任，他还废了头脑清醒、忠心耿耿的老臣苏威，又杀了那么多忠君爱国、冒死进谏的普通官员，乃至百姓。他放弃了西京，放弃了东都，放弃了官员，放弃了百姓，其实，也就等于放弃了天下。那么，这时候，天下又将出现怎样的局面？

第八章 李密崛起

李密因参与杨玄感叛乱而成为大隋王朝的通缉犯，整天东躲西藏，提心吊胆。但是一次命运的转机，让他成为隋末农民起义的首领，从此率领着瓦岗军南征北战，威震中原。那么，谁是李密命中的贵人？李密的崛起，对整个隋末政局意味着什么？

一、瓦岗聚义

大业十二年（616），隋炀帝第三次下江都。他这一走，马上，各路起义军的力量更加壮大起来。原来还是各自为战，到大业十三年（617）已经形成几支大的联盟了。

第一支，窦建德领导的河北起义军。

第二支，杜伏威和辅公祏领导的江淮起义军。

第三支，翟让和李密领导的河南瓦岗军。

在这三支起义军里，力量最强、影响最大的就是瓦岗军。我们从小熟知的那些隋唐英雄，比如单雄信、秦叔宝、程咬金、王伯当全都出身于瓦岗寨。更重要的是，当时天下大部分人都认为，有资格改朝换代，推翻隋朝，建立一个新政权的，应该就是瓦岗军。瓦岗军为什么会有这么大的影响？关键在于它有一个强有力的领导——李密。

李密的造反经历，要从参加杨玄感叛乱开始算起。此人是关陇贵族集团的成员，也是杨玄感的谋士，杨玄感失败后，他也被俘虏了，要送到高阳处斩。但是，李密在押送的过程中略施小计，麻痹了押送他的公差，逃走了。

李密逃跑，就成了通缉犯，自然不能回家重新当贵族公子哥，只好落草为寇。他先是就近投奔了河北的农民军领袖郝孝德，想给郝孝德当个军师。没想到郝孝德是个粗人，李密满腹经纶，到他这儿反倒成了秀才遇见兵——有埋说不清。郝孝德也根本没把李密放在眼里，对他非常不客气，李密待不下去，只好走人。

离开郝孝德后，他又在淮阳（今河南周口）的一个小村子里落下脚来，改名叫刘智远，当起了教书先生，哄几个小孩子，勉强糊口。教了几个月之后，李密耐不住寂寞，有一天乘着酒兴，大笔一挥，题了一首五言诗《淮阳感怀》。诗是这样写的："金风荡初节，玉露凋晚林。此夕穷途士，郁陶伤寸心。野平葭苇合，村荒藜藿深。眺听良多感，徙倚独沾襟。沾襟何所为，怅然怀古意。秦俗犹未平，汉道将何冀。樊哙市井徒，萧何刀笔吏。一朝时运会，千古传名谥。寄言世上雄，虚生真可愧。"现在是金风初起、树叶凋零的时节，有一个穷途之士忍不住涕下沾襟。他为什么会流下眼泪？因为他想起了古代的一些人和事了。他想起秦末汉初那段风起云涌的日子，现在难道不也是像秦末一样天下大乱吗？但是汉朝重振的景象却还看不到。可越是这样的时候，就越是英雄的用武之日啊。比如秦末汉初的时候，樊哙不过是一个市井之徒，萧何也不过是一个刀笔小吏，可风云际会，他们都在历史上留下了自己的名字。所以，世上的英雄啊，千万要珍惜自己，珍惜机会，不要虚度一生！

写完之后，李密痛哭流涕。诗中寄言的英雄，不就是他自己吗？

李密表现得这么奇怪，周围有人看出点名堂，觉得这个教书先生有问题，给淮阳郡的太守赵佗打了小报告。赵佗赶紧派人来捉拿，幸好李密提前得到消息，又逃跑了。

这次他逃到妹夫雍丘县令丘君明那里了。丘君明倒是还算仗义，愿意帮忙，只是，他的官衙人来人往，藏这么一个通缉犯，也不安全。怎么办？丘君明又把李密托付给了当地一个游侠王秀才。王秀才是个有眼光的人，看出李密是个英雄，不仅收留了李密，还把自己的女儿嫁给了他。

要知道，李密这时候已经颠沛流离了两年，整日担惊受怕，逃命的时候，甚至要吃草根树皮，现在忽然进入这么一个温柔乡，难免英雄气短，儿女情长，未必不想过几天平凡安稳的日子。有道是树欲静而风不止，他想安稳，形势却不许他安稳。

没过多久，又有人告发他了。谁呢？丘君明的侄子。本来丘君明帮助通缉犯李密隐藏行踪，也是担着天大的干系，所以丘君明一直小心翼翼，不向任何人透露这件事，但是，他千防万防，唯独没有防范自己的亲人，这件事被他的侄子知道了。丘家侄子是个卖亲求荣的人，知道之后立马上报。李密可是一级逃犯，隋炀帝一听到他的消息，立马派人捉拿。

幸好那天李密有事出去了，又没抓到。但是，李密的妹夫丘君明、岳父、王秀才还有新婚的妻子都当了替死鬼。这样一来，李密想当一只燕雀也当不成了，只好重出江湖，做一只雄鹰，跟命运厮杀。

有一个成语叫否极泰来，就在李密家破人亡，呼天天不应，叫地地不灵的时候，终于找到了一个成就他一生事业的地方，这个地方叫瓦岗寨（今河南滑县）；也终于找到一个赏识他的人，这个人叫翟让。

翟让是何许人？他是当时的瓦岗军头领，在瓦岗寨占山为王已经有五六年了。说起来，这个人的经历和后来《水浒传》里的宋江有点类似。翟让本来是东郡法曹，是个小官吏，平时为人豪爽，广交朋友。大业六年（610），不知为什么事情触犯了法律，罪当斩首，可是，狱卒黄君汉敬重他是条好汉，不顾自己的身家性命，悄悄地把他放了。

翟让是个厚道人，不忍心只顾自己逃命，所以，离开监狱的时候，回身问了黄君汉一句：“**让蒙再生之恩则幸矣，奈黄曹主何！**”我现在蒙受你的大恩，就像重生一样，可是我走了，你怎么办？

没想到黄君汉大怒，说：“**本以公为大丈夫，可救生民之命，故不顾其死以奉脱，奈何反效儿女子涕泣相谢乎！君但努力自免，勿忧吾也！**”我为什么豁上身家性命来救你？是因为我觉得你是一个大丈夫，可以拯救生民的性命，所以才冒死助你脱身。没想到你居然像小儿女一样哭着向我道谢，这难道是我希望你做的事吗？现在我既然放你跑，你就努力去跑，不用替我瞎操心。你日后干一番事业，就算对得起我了！

话都说到这个份儿上了，翟让也就肩负着救生民之命的责任，逃跑了。跑到哪里？他选择的地方就是瓦岗寨。翟让原本是条好汉，在当地颇有影响。他这一落草，有两个高人立刻入伙。一个是单雄信，另一个是徐世勣。

单雄信是传说中的隋唐好汉之一，擅使马槊。徐世勣在后世以支持武则天当皇后闻名，不过当时，他还是个快意恩仇的少年英雄。什么叫少年英雄？徐世勣自己说得好：“我年十二三为无赖贼，逢人则杀；十四五为难当贼，有所不快者，无不杀之；十七八为好贼，上阵乃杀人。”我从小就是一个贼人，十二三岁的时候是一个无赖贼，碰见谁杀谁；十四五岁的时候，我成长了，变成了一个难当贼，谁惹我不痛快，我再杀他；十七八岁的时候，我又变成了一个好贼，不随便杀人，而是上阵当了一个战士，以战士的身份去杀人。

那么，徐世勣从无赖贼到好贼这个人生转折点，是在什么时候出现的？其实这次转折，就是以他跟翟让相识为节点。徐世勣在跟随翟让之前，是个快意恩仇的难当贼，但是，跟了翟让之后，则变成上阵杀敌的好贼了。

单雄信、徐世勣二人都非常骁勇，而且都是有钱人，仗义疏财，有他们加盟，翟让的实力很快壮大起来，手下人马超过一万，成了河南、山东一带势力最大的起义军。

李密从雍丘县逃出来后，也在山东一带流亡。他在各路豪杰之间冷眼旁观，觉得翟让的瓦岗军能成气候，就投奔翟让了。

可是到山寨入伙，总得展示展示自己的本事，这就是所谓的投名状。《水浒传》中林冲投奔水泊梁山，缴纳的投名状是一颗人头。那李密到翟让这里，缴纳的投名状是什么？他给了翟让一个盟主的地位。怎么回事？

当时山东地区豪杰并起，翟让手下有一万人，算是大山头，还有一些小山头，少则几百人，多则上千人，李密一一拜访，各个击破，说服他们都去追随翟让。这样一来，翟让一下子收编了不少人马，势力大增。

这些英雄凭什么听李密的？因为这时候已经是大业十二年（616）了，隋朝灭亡的迹象越来越明显，那条“当有李氏应为天子”的谶语也已经到处流传，大家看李密是公卿之子，举止不俗，又几次虎口脱险，这会不会是所谓的“王者不死”？慢慢地，就有人相信他是那个真命天子了。

恰恰在这个时候，又出现了一个名叫李玄英的术士，一下子把李密应谶的神话推向了高潮。当时李玄英从东都过来，一个山头一个山头地寻找李密。别人问他为什么非要找到李密不可，他就说：“斯人当代隋家。”这个人以后会取代隋朝，成为新一任皇帝。

他怎么知道李密要取代隋朝呢？李玄英说：“比来民间谣歌有《桃李章》曰：‘桃李子，皇后绕扬州，宛转花园里。勿浪语，谁道许！’‘桃李子’，谓逃亡者李氏之子也；皇与后，皆君也；‘宛转花园里’，谓天子在扬州无还日，将转于沟壑也；‘莫浪语，谁道许’者，密也。”大意是说，最近流行的《桃李章》歌谣太有来历了，什么叫“桃李子”？桃李子就是一个正在逃跑的姓李的人。什么又叫作“皇后绕扬州，宛转花园里”呢？皇也罢，后也罢，都是君主的代称，这君主到了扬州之后，就要死于沟壑之间，回不来了。“勿浪语，谁道许”什么意思呢？你不要乱说话，这意味着要你保密。这“密”字不就呼之欲出了吗？所以这首歌谣连起来就是说，隋朝的皇帝到了扬州，就回不来了，谁取代他？一个在逃亡中的姓李名密的人。这不就意味着李密必然取代隋朝吗？

大家听他分析得头头是道，不由得更是信服，于是，也就愿意接受李密的调遣，到瓦岗军入伙了。这是一份多难得的投名状啊！

二、大展宏图

入伙瓦岗寨，李密的人生就进入了快车道。就是在这里，他终于遇到了一生中一个难得的贵人——翟让。翟让这个人没有多大的本事，但是宅心仁厚，有一双识人的慧眼，还有一颗容人之心。眼看李密有这么大的来头，又有这么大的本事，翟让发自内心地高兴，很快就对李密另眼相看，开始跟他讨论起军事大计来。

李密遇到知己，也再次燃起当年追随杨玄感造反的激情，把心中的想法和盘托出了。他说："刘、项皆起布衣为帝王。今主昏于上，民怨于下，锐兵尽于辽东，和亲绝于突厥，方乃巡游扬、越，委弃东都，此亦刘、项奋起之会也。以足下雄才大略，士马精锐，席卷二京，诛灭暴虐，隋氏不足亡也！"现在，隋朝的精兵都已经在征高句丽的时候消耗尽了，又和突厥断绝了来往，力量相当虚弱，再加上皇帝放弃东都，逃到江南，约等于天下无主。这正是英雄逐鹿的时候啊！当年刘邦、项羽不也就是这样起家的吗？希望您不要满足于占山为王，而是要拉起人马，席卷两京，推翻隋朝，这才是英雄大业！

这番话一下子把翟让的眼界打开了，也把瓦岗军的境界提升了。原来占山为王的瓦岗军有了推翻暴隋，夺取政权的终极目标，多么激动人心！

李密提出这么一个宏伟目标，翟让作何反应呢？翟让是个比较软弱的人，他说：“**吾侪群盗，旦夕偷生草间，君之言者，非吾所及也。**”我就是一个盗贼，我就想在草泽之间苟且偷生，你说的这些话，我还真是想不到，恐怕也做不到。

不过，话虽然这么说，他还是真心实意地尊重李密，很快在李密的建议下主动出击，攻破了荥阳郡好几座县城。又拉来了队伍，又打出了地盘，这样一来，李密在瓦岗军也算是站稳了脚跟。

不过，李密的理想可不止于此。站稳脚跟只是他规划的第一步。第二步，他要图谋更大的发展了。很快，李密又做了两件大事，把他在瓦岗军中的地位又提升了一大步。

第一，大败张须陀。

第二，夺取兴洛仓。

先看第一件。瓦岗军不是攻破了荥阳几座县城吗？这可让隋炀帝着急了。荥阳就在东都洛阳的东边，如果这个地方被瓦岗军占领了，马上就会威胁到洛阳的安全。

怎么办？隋炀帝赶紧任命老将张须陀担任荥阳通守，围剿瓦岗军。张须陀是隋朝难得的一员大将，手下有秦琼和罗士信两个猛将，没少打败过各路起义军，是一个让人闻风丧胆的人物。朝廷派这个人来，瓦岗军何以应对呢？这时候，李密和翟让的意见不一致了。

翟让是什么反应？他吓坏了，赶紧说，这个人厉害，我在他手下没少吃过亏，要不咱们避避风头，先撤吧。

李密是什么意见？他说：“**须陀勇而无谋，兵又骤胜，既骄且狠，可一战擒也。公但列阵以待，密保为公破之。**”不用害怕张须陀，他是一个有勇无谋的人，而且最近刚打了大胜仗，这让他变得骄横而又暴躁，这样的人其实并不可怕，我保证跟他打一次就把他俘虏。翟公您就放心地跟他正面交战，我保证能让您取胜。

怎么才能一战破之？李密用了一个诱敌深入的伏兵计。他让翟让率领几万主力和张须陀正面交战，自己则率领一千精兵埋伏在大海寺（今荥阳老城东）北林树木之间。张须陀可是常胜将军，根本没把翟让放在眼里，摆开方阵就冲了过来，翟让则是且战且走。张须陀一看翟让不敢打，更得意了，想也没想，一路往前追，眼看着就追到了大海寺。

等到张须陀的主力刚一过了大海寺，李密马上率领一千勇士从树林中杀了出来，死死咬住了张须陀的后队，这时候，翟让再杀个回马枪，很快就把张须陀的部队团团围了起来。张须陀真是一员猛将，凭借一杆长枪，很快杀出重围。可手下的兄弟们还被围在里面，怎么办？张须陀是个顾及手下人的好长官，按照《隋书·张须陀传》中的记载，他“跃马入救之，来往数四，众皆败散，乃仰天曰：‘兵败如此，何面见天子乎？’乃下马战死。”张须陀本来冲出来了，看弟兄们还在包围圈里，就又冲了进去，来来回回好几次，最后发现怎么也不能把全军带出来，败局已定，他仰天长叹，说：“我兵败到这个份儿上，还有什么脸面再见天子？”干脆下马力战，直至战死。

张须陀死后，所部兵昼夜号哭，数日不止。作为一个将军，尽忠报国，受人爱戴，也算是难得的好将军了，只可惜生不逢时，又有什么办法？

大败张须陀，对李密的意义十分重大。这让他第一次有了自己的人马。张须陀死后，他手下的士兵纷纷投降了李密，从此就成为李密的嫡系部队。翟让是一个能容人的厚道人，眼看李密势力壮大，他并没有打击报复，相反，还顺水推舟，让李密独立出来，成立“蒲山公营”。这样一来，李密在瓦岗军的地位就再也不是一个谋士，而成了合伙人。

再看第二件，夺取兴洛仓。大败张须陀之后，瓦岗军兵多将广，成了当之无愧的中原第一军。李密的梦想是改朝换代，现在他离梦想又近了一步。问题是，真要改朝换代，除了靠军事之外，还要靠人心。

怎样才能得民心？这时候，李密又给翟让出了第二个主意。他说：“今百姓饥馑，洛口仓多积粟，去都百里有余，将军若亲帅大众，轻行掩袭，彼远未能救，又先无豫备，取之如拾遗耳。比其闻知，吾已获之，发粟以赈穷乏，远近孰不归附！百万之众，一朝可集，枕威养锐，以逸待劳。纵彼能来，吾有备矣。然后檄召四方，引贤豪而资计策，选骁悍而授兵柄，除亡隋之社稷，布将军之政令，岂不盛哉！”如今天下大乱，老百姓最缺粮食。而距离东都一百多里的兴洛仓是个大粮仓，囤积的粮食不可胜数，目前并没有什么守备。如果我们奇袭兴洛仓，开仓放粮，远近的老百姓一定会归附我们。到那时，我们又有武装，又有粮食，还有民心，改朝换代，不是易如反掌吗？

这可是个大计划，翟让如何表态呢？他说：“此英雄之略，非仆所堪；惟君之命，尽力从事，请君先发，仆为后殿。”你这个主意真是英雄伟略，这不是我所能想到、做到的，但是我愿意尽力帮你，你做前锋，我来殿后，咱们一起把这个事情干起来。从这件事可以看出来，翟让确实平庸了点儿，但是，为人真厚道，让李密充分施展才华，自己则是全力配合。

有了翟让这句话，李密也就没有顾虑了。他和翟让两个人率领七千精兵，从阳城（今河南登封）出发，一举拿下了兴洛仓。

兴洛仓是隋朝最大的粮仓，周围二十余里，“穿三千窖，窖容八千石”，三千个粮窖，每个粮窖储存粮食八千石，全仓储粮约有二千四百万石，相当于今天二十八亿斤，这得够多少人吃饭啊！

拿下兴洛仓之后，瓦岗军立刻开仓放粮，四方饥民扶老携幼，都到这里来领粮食。瓦岗军让老百姓有饭吃，老百姓对瓦岗军自然感恩戴德，果然出现了李密预料中的踊跃参军的大好局面，几天之间，瓦岗军就扩充到了几十万人。

夺取兴洛仓，对瓦岗军的影响实在重大。

首先，这个粮仓一拿下，就直接切断了东都洛阳的粮食供应，让东都变得岌岌可危。这是军事意义。

其次，通过开仓放粮，瓦岗军作为威武之师、仁义之师的名声也一下子传遍了整个中原。这就是政治意义。

军事和政治哪个更重要？都非常重要！不光对瓦岗军重要，对李密个人也重要。兴洛仓打下来之后，李密个人名声如日中天。谁都看得到，自从李密入伙，瓦岗军就开始从一个胜利走向另一个胜利，真是实现了跨越式发展。

翟让是个厚道人，大业十三年（617）二月，他干脆放下身段，推李密为主，号称魏公，改元永平元年。虽然没直接称帝，但是，基本建制已经和皇帝差不多了！

三、檄文讨隋

到这一步，李密有权、有兵、有粮、有地盘、有民心，要诛灭暴隋，他还应该干什么？还有两件事至关重要。

第一件，拿下东都，占领隋朝的政治中心。

第二件，制造舆论，让天下周知改朝换代的合理性，进而拥护改朝换代。

这两样都做到了，才能建立一个新政权。攻打东都是一个大问题，留到后面再写。先看制造舆论。怎样才能让大家认可李密和瓦岗军不是造反的乱臣贼子，而是除暴安良的正义之师？怎样才能说服大家必须打倒隋朝？这时候不能光靠枪杆子，得靠笔杆子。

李密手下有一个笔杆子，名叫祖君彦。此人的经历，和唐朝扬州叛乱中给徐敬业捉刀代笔讨伐武则天的骆宾王有点相似。骆宾王是一代诗人，但官场不得志，最后才铤而走险加入叛军，祖君彦也是如此。此人是北齐宰相祖珽的儿子，从小博闻强记，出口成章，隋文帝的时候，大诗人薛道衡就向文帝推荐过他。没想到隋文帝一听这个名字就说，这不就是北齐大奸臣祖珽的儿子吗？这种人我不用！好好一个青年，就因为他爸爸的历史污点被晾在了一边。

好不容易到了隋炀帝时候，历史问题没那么敏感了，可是，隋炀帝在文学上颇有点自负，容不得别人超过自己，所以对祖君彦这么一个大才子也颇为忌讳，只让他当了一个小小的宿城县令。怀才不遇，这让祖君彦非常不满，眼看着隋朝一天乱似一天，他也整天郁郁思乱。

心动就要行动，瓦岗军势力强大起来，祖君彦干脆投降了李密。李密正在创业时期，招贤纳士，对祖君彦自然奉若上宾，凡有檄文、告示，一律交给祖君彦负责。有道是“士为知己者死”，祖君彦半生蹉跎，终于找到肯赏识他的人，也一心一意为李密效力。现在，李密要打舆论战，祖君彦大笔一挥，写成了一篇《为李密檄洛州文》，又叫《讨隋檄文》，历数隋炀帝十大罪恶。都是什么罪恶？

第一条，杀父害兄。

第二条，强奸亲妹。

第三条，沉湎酒色。

第四条，广建亭台。

第五条，横征暴敛。

第六条，巡游无度。

第七条，征伐高（句）丽。

第八条，拒谏妒能。

第九条，卖官鬻爵。

第十条，言而无信。

从私德说到公德，把隋炀帝骂了个狗血喷头。这也罢了，说完这十大罪状之后，祖君彦还加了两句厉害的对仗："**罄南山之竹，书罪无穷；决东海之波，流恶难尽。**"把南山的竹子都伐下来写满字，也写不完隋炀帝的罪恶；把东海掘开，波涛滚滚，也涤荡不尽他的罪行！这就是成语"罄竹难书"的来历。这样的皇帝，不就是独夫民贼吗？所以，李密起来推翻他，就是救民于水火的正义之举了。

那么，这个檄文说的这十大罪状是真的吗？不完全是。比如说隋炀帝杀死父亲，就不完全对；再说他强奸妹妹，更是子虚乌有；说他沉湎酒色，也没什么根据。隋炀帝是个工作狂，几乎没什么机会坐下来享受生活。另外，他一生敬重萧皇后，三个儿子之中有两个是萧皇后所生，在好色这个问题上倒是比一般封建帝王还要检点一些。所以说，这些私德方面的指责，其实都不怎么可靠。

即使是公德方面，隋炀帝也绝不是一团糟。所谓广建亭台、巡游无度等问题都有具体的历史背景，不能一概算成恶政。要说真正无可辩驳的，也就是征伐高句丽、拒谏妒能、言而无信等三四条而已。

问题是，就这三四条，已经让老百姓深受其苦了，何况檄文又不是研究论文，只要铿锵有力、打动人心就是好作品，谁还那么认真地去分析真假？越是这种真假参半的，宣传起来才越有效果。所以，这篇檄文一出来，真是堪比雄兵百万，天下马上为之震动。

本来李密驻兵荥阳，兵锋就已经直指洛阳城了，现在再加上这么一篇厉害的檄文，留守东都的越王杨侗坐不住了，赶紧派了一个叫元善达的官员向隋炀帝报信。

元善达历经千辛万苦，赶到江都，一见到隋炀帝，眼泪滚滚而下。他说：“**李密有众百万，围逼东都，据洛口仓，城内无食。若陛下速还，乌合必散；不然者，东都决没。**”李密拥众百万，包围东都，占据了洛口仓，东都城内已经没有粮食了，若是陛下迅速返回东都，李密的乌合之众慑于陛下威灵，必然会溃散而去；若陛下不回，东都就一定会陷落。

要知道，东都洛阳可是隋炀帝时期最重要的政治中心，其重要性甚至超过了西京大兴城。所以，听到元善达的奏报，隋炀帝也深受震动。可是，震动归震动，他会因此回东都吗？当然不会。

隋炀帝其实是一个很脆弱的人，经历过几番失败之后，他已经心灰意冷，再没有当年与天斗、与地斗、与人斗的勇气。怎么打发这个元善达呢？这时候，宰相虞世基说了一句话：“**越王年少，此辈诳之。若如所言，善达何缘来至？**”越王年轻，这些人诓骗他。要是真像元善达所说的那样，李密把城都围起来了，他怎么能跑到这里呢？

隋炀帝一听，赶紧顺坡下驴，不仅自己不回东都，还直接把元善达打发到了东阳（今属浙江金华）农民军最活跃的地方督运粮草。没过几天，元善达就被农民军杀死了。这不就是所谓的装聋作哑的鸵鸟政策吗？

隋炀帝扮鸵鸟，不敢回北方，这对李密来说应该是个好消息。那么，李密能否顺利打下洛阳城呢？

第九章 中原苦战

自从投靠瓦岗军，李密接连取得军事和政治上的重大胜利，从一个东躲西藏的通缉犯，跃身成为隋末农民起义的第一号人物，受到各路英雄的推戴。那么，李密是否从此顺风顺水，成就大业？

一、军事难题

李密进入瓦岗寨后，如鱼得水，不到一年时间，就大破张须陀，夺占兴洛仓，取得了军事和政治上的重大胜利。他自己也从一个东躲西藏、无处容身的通缉犯，一跃成为瓦岗军的首领，受到各路英雄的推戴，建号魏公，设置官署，离皇帝似乎只有一步之遥了。但是，这一步之遥的路程可并不容易走。此刻的李密，开始面临两大问题的考验。一个是军事问题，另一个是人事问题。

李密在军事上遇到什么难题了？从具体的战役来看，他一直在打胜仗，什么问题也没有，但对一个统帅来讲，最大的军事难题不是一城一地之得失，而是如何制定重大作战方略。瓦岗军崛起于河南，因此，从一开始，攻打东都洛阳似乎就成了必然目标。事实上，李密进入瓦岗寨后，所做的一切，也都是要把瓦岗军和洛阳的距离越拉越近。问题是，李密想要夺取天下，攻打东都并不是最好的选择。

当年杨玄感起兵的时候，李密曾经给他出过上、中、下三策。其中，上策是攻打临渝关，切断隋炀帝的归路；中策是攻打关中，占据隋炀帝的老巢，让他有家难归；下策才是攻打东都洛阳。最后，杨玄感采取了下策，李密还因此扼腕叹息。可是，到大业十三年（617），李密却也在东都周围修营垒、挖壕沟，摆出一副打持久战的模样了。

李密这样做，不是和自己原来的理念背道而驰了吗？所以，也有人给他提意见了。提意见的人有两个，一个叫柴孝和，另一个叫徐洪客。

先看柴孝和。柴孝和本来是隋朝的县令，后来举城投降李密，当了李密的谋臣。眼看着李密屯兵洛阳城下，胜仗没少打，但无论如何，短时间内难以攻破洛阳，他觉得不是办法，必须改弦更张。

柴孝和说："秦地山川之固，秦、汉所凭以成王业者也。今不若使翟司徒守洛口，裴柱国守回洛，明公自简精锐西袭长安。既克京邑，业固兵强，然后东向以平河、洛，传檄而天下定矣。"洛阳是所谓的中州四战之地，就算拿下来，也无险可守，在地理位置上远不如被山带河的关中地区。秦汉两朝都定都关中，正是看中了这个地理优势啊！另外，洛阳城防坚固，兵力不少，短时间内难以攻克。而关中兵马大多被隋炀帝带到扬州去了，城防相对空虚，更容易拿下。两相对比，不如把关中作为主攻方向。站稳关中，进可攻，退可守，这才是建立霸业的基础。

那具体怎么实施下一步作战计划呢？柴孝和说，可以让副统帅翟让守住兴洛仓，再让李密手下的另一员大将裴仁基守住新近攻下的回洛仓。李密本人则率领精锐，突袭大兴城。拿下大兴城，其实也就占据了隋朝的根本，在气势上就占了优势。到时候再挥师东进，洛阳其实倒好拿下，到那个时候，再传檄天下，肯定一往无前。

分析完这些，柴孝和还补充了一句："方今隋失其鹿，豪杰竞逐，不早为之，必有先我者，悔无及矣！"如今隋朝把自己的鹿丢掉了，天下都来追这只鹿，如果您不早下手，肯定就有人下手了，到那时后悔莫及啊！

那么，李密听了柴孝和的建议，是什么反应？李密说："此诚上策，吾亦思之久矣。但昏主尚存，从兵犹众，我所部皆山东人，见洛阳未下，谁肯从我西入！诸将出于群盗，留之各竞雌雄，如此，则大业隳矣。"这确实是个好主意，我也想了很久，但是很难实现。

第一，我的部下都是山东人，洛阳在他们心里就代表着隋朝。如果我连洛阳都拿不下来，谁肯抛家舍业，跟我去打关中？

第二，我手下将领都是群盗出身，有我在这里镇着，他们还能相安无事。一旦我离开，谁也不服谁，恐怕马上就会自相残杀起来，到时候，现有成果都保不住，更谈不上什么成就大业了！

李密这两个顾虑有没有道理？太有道理了。其中，第一个顾虑就是当年杨玄感面临的难题，这是由瓦岗军的兵源构成决定的，李密没有办法扭转。

第二个顾虑就涉及瓦岗军的组织情况了。瓦岗军是怎么组织起来的？这类似一个加盟连锁店。翟让当年的班底算是一个总店，在这个总店之外，又不断地吸收河南、山东的大小山头加盟进来，算是分店。这些加盟进来的山头，虽然都叫瓦岗军，但还是独立建制，各自统领原班人马。

这种组织方式的好处是比较灵活，可以迅速地吸收各路人马加盟，但它也有坏处，那就是上下级关系比较松散，不是严格意义上的君臣关系，难以形成一个坚强的领导核心，只能靠统治者通过个人魅力震慑。李密就是这么一个强有力的统治者，但他也知道，一旦自己像柴孝和所说的那样离开，这个松散的联盟马上就会出问题。到那个时候，李密这个盟主、这个众望所归的魏公，恐怕也就很难当了。

柴孝和是个聪明人，一听李密这样讲，马上也就明白了李密的处境。不过，他不死心，接着又出了一个主意。他说："然则大军既未可西上，仆请间行观衅。"既然主力部队不能动，那我自己拉一支人马去探探路行不行？

李密一听，这是个好主意。就派柴孝和带着祖君彦写的那篇《为李密檄洛州文》，再带上几十个骑兵往西走了。

瓦岗军早已名声在外，柴孝和一路走，一路宣传，周围的山贼草寇都纷纷加盟，到了陕县，也就是河南和陕西交会的地方，已经由原来的几十人发展到一万多人了。照这个样子下去，就靠柴孝和这支偏师去攻打关中，也不是不可能。可惜就在这个时候，李密这边出事了。

李密一直在跟东都的隋军打仗，他每次都身先士卒，一不小心，被流矢射中，只好躺在大营休养。隋军了解情况后，哪能放过这个机会？赶紧派出大军，连夜突袭回洛仓。李密没办法，只好裹伤作战，结果大败，不仅人马死伤过半，还把回洛仓给丢了，不得已又退回了兴洛仓。

如前所述，瓦岗军在很大程度上是靠李密的个人魅力和战无不胜的英雄业绩才凝结到一起的。现在吃了败仗，问题马上就显露了出来。柴孝和招来的那一万多人马一听说李密败了，纷纷逃散，很快跑了个精光。柴孝和没办法，只好又带着几个亲兵回到了李密身边。这样一来，这次试探性的出兵关中也就以失败告终了。

李密兵败回洛仓，但这只是一时的失利，很快，李密不仅夺回了回洛仓，还进一步发展壮大，拿下了黄河南岸的黎阳仓。黎阳仓在隋朝的储粮量仅次于兴洛仓，把这个大粮仓拿下，李密又一次开仓放粮，老百姓再一次踊跃参军，一下子，瓦岗军又扩编了二十万人。李密也是志得意满。这个时候，第二个提意见的人出现了。此人就是徐洪客。

徐洪客原本是在泰山上修行的道士。别看此人是出家人，但极有政治眼光。反复旁观过李密的战况之后，徐洪客给李密写了一封信。他说：“**大众久聚，恐米尽人散，师老厌战，难可成功**。”你现在队伍的规模越来越大，这些人可都是要吃米的，我恐怕有一天，米被吃完了，你的大军也就散伙了。现在你不趁着士气旺盛赶快打仗，等以后大军待久了，就失去了打仗的锐气，那个时候你怎么办？劝李密趁着人多势盛赶紧打，别等粮草散尽，师老厌战的那一天。这提醒，对正处于得意之中的李密真如醍醐灌顶一般！

问题是，往哪里打？徐洪客说：“**乘进取之机，因士马之锐，沿流东指，直向江都，执取独夫，号令天下**。”你别整天就知道围着东都转悠，你若真想成大事，就应该赶紧率领精锐部队往江都打，把独夫民贼隋炀帝俘虏了，天下不就是你的了吗？

这是什么意思？其实，这正是李密当年给杨玄感出的上策，用一句话表述，那就是擒贼先擒王。把王擒住了，就一切都好办了。

那么，李密会不会采纳徐洪客的建议？也不可能。理由其实跟他不能放弃洛阳，直扑关中一样。关中好歹还是北方地区，士兵们尚且不可能追随李密去打，更何况是远在南方的扬州了！

既不能入关中，也不能下扬州，李密也只好跟当年的杨玄感一样，把东都洛阳当作唯一可行的目标，就指望能把洛阳拿下，然后以此为基础，号令天下了。

然而，洛阳又是一个最为易守难攻的目标。不仅城池坚固，而且，隋炀帝派来的援军也到了。大业十三年（617）七月，隋炀帝手下的一员得力干将王世充来到洛阳，和李密对决。

王世充生性狡诈，特别会讨隋炀帝的欢心。当初隋炀帝被围雁门之时，下令各地勤王，王世充听到消息之后，昼夜号哭，衣不解带，昼夜兼行赶去救援，从此赢得了隋炀帝的信任。不过，此人可不是光会拍皇帝马屁，在带兵打仗方面也颇有心计，可谓心狠手辣。

举一个例子。当年杨玄感起兵，江南刘元进等人也率众响应。王世充当时担任江都宫监，率领一支江淮子弟兵进攻刘元进，把刘元进打败了。这倒还说明不了什么问题，关键是，刘元进失败之后，余部还有三万多人，化整为零，继续作战。怎么对付这三万多人？王世充就耍了个阴谋。

他先是找了个黄道吉日，到佛寺去焚香，诅咒发誓说只要这些人投降，就一律免罪。刘元进的余部也都是老百姓，无非是官逼民反，现在听说能够获得谅解，接着回去过自己的小日子，也不疑有他，纷纷投降。不料王世充是个背信弃义之人，一旦起义军放下武器，他马上就露出了狰狞面目，把这三万多人全都杀死在一个叫黄亭涧的山谷里，尸骨累累，把山谷都填平了。这是何等的凶残阴险！

现在，隋炀帝把这个人派到东都洛阳来了，让他指挥整个东都的战斗。王世充从江淮带了五万亲兵，再加上其他各路援军，总共有十万人归他调遣。要知道，洛阳城本来就是深沟高垒，易守难攻，再加上新的有生力量，当然对李密就更加不利了。向别处打不行，打洛阳也困难，这是李密面临的重大军事困境。

二、计杀翟让

再来看人事问题。就在李密率领瓦岗军，与东都洛阳的守军以及王世充的外援部队苦苦战斗的时候，瓦岗军内部又出了一件人事方面的大事——李密把老长官翟让给杀了。

翟让可是李密一生中难得的贵人，此人虽然眼界不高，能力不强，但是宽厚仁慈，从一开始收留李密，到让李密建立独立的“蒲山公营”，和自己分庭抗礼，再到后来干脆放弃瓦岗寨的领导权，推举李密当瓦岗寨主，称魏公，自己甘愿称臣，翟让真是把名字里这个“让”字发挥得淋漓尽致，对李密也是仁至义尽。可以说，如果没有翟让的退让，也不可能有李密的光芒。

李密对这一点心知肚明，对翟让也颇为尊重。李密称魏公之后，立马拜翟让为上柱国、司徒、东郡公，让他也自行设置官吏，当瓦岗军的副统帅。两个人一个有义，一个有情，各得其所，相安无事。

可是，事情的发展往往不由人们的主观意志决定。虽然翟让和李密两个人都不是什么坏人，但他们毕竟代表着两个不同的系统。翟让手下有单雄信、徐世勣等一批瓦岗军的元老，而李密手下，好多都是后来在战斗中收罗的隋军败将，比如秦琼、程咬金、罗士信、裴仁基，等等。

这些起义元老和投降将领之间，本来就存在着微妙的矛盾。元老们难免倚老卖老，而新投降过来的将领又难免自恃出身较高，不把老同志放在眼里。本来，在李密还只是二把手的时候，他一直都是压着自己的手下，不让他们惹是生非，所以还没有什么太大的问题。但是，一旦李密成了翟让的领导，他手下的人自然随之嚣张起来，李密的心理也难免出现了微妙的变化。

然而，翟让却并没有意识到这种变化，说话做事都不大注意。有几件事办得让李密很不满意。

第一件，当时有一个叫崔世枢的官员投降了李密，李密一向招贤纳士，崔世枢又是大族，所以对他非常客气。可是到翟让这儿就不一样了，翟让也知道崔家是大族，既然如此，那就应该很有钱，怎么不见他给自己送礼？为了索贿，翟让干脆把崔世枢给关起来了，非逼着人家送钱，不送就要动刑，这不是让李密很难堪吗？

第二件，翟让有一天偶然高兴，就召李密元帅府的一个记室（相当于秘书），一起赌钱，可是，这个记室不知道因为什么耽搁了，没有马上到位，翟让一生气，当即打了他八十大板。打狗看主人，现在，翟让居然如此放肆地对待李密手下的人，这也让李密觉得不痛快。

第三件事就更不像话了。有一天，翟让居然对李密手下的一个重要谋臣房彦藻说：“**君前破汝南，大得宝货，独与魏公，全不与我！魏公我之所立，事未可知。**”你此前攻破汝南时得了很多宝货，只送给了魏公，却不给我！魏公是我拥立的，天下事的变化尚难知道呢！

言外之意，李密这魏公是我立的，我既然可以立，当然也可以废，你凭什么就这么势利眼？这不是居功自傲，公然不把李密放在眼里吗？

李密手下那帮将领本来对翟让就不服气，再加上出了这么几件事，他们也就开始撺掇李密了，说：“**让贪愎不仁，有无君之心，宜早图之。**”翟让这个人贪婪、刚愎，而且有无君之心，对您不够尊重，所以不如早点把他解决算了。

李密怎么回应的呢？他说：“**今安危未定，遽相诛杀，何以示远！**”如今天下大局未定，我要是随便杀自己人，外边的人怎么看我？从这句话里就可以看出来了，虽然李密并不同意手下的意见，但对翟让也颇为不满，只是还碍于外界的评论罢了。既然李密已经动了杀心，接下来，翟让的处境可就堪忧了。

而在此时，翟让的哥哥又犯了一个错误，一下子让李密忍无可忍。翟让的哥哥叫翟弘，是个比较愚蠢，又比较贪婪的人。翟让把瓦岗军的第一把交椅让给了李密，翟弘就很生气，说："天子汝当自为，奈何与人！汝不为者，我当为之！"做天子这样好的事情，你怎么能随便给别人呢？你要是不想做，我做！

翟让听了什么反应？他哈哈大笑，根本没往心里去。可是，这话传到李密耳朵里，李密可就上了心。看见李密心存疑虑，他手下那帮谋臣就更要撺掇了。有人讲："毒蛇螫手，壮士解腕，所全者大故也。彼先得志，悔无所及。"一旦被毒蛇咬到了手上，壮士就会把整个手都砍掉。为什么？因为和生命相比，手是小的，不能因小失大。您跟翟让的关系也是如此。虽然他和您交情不浅，但是这个交情和您的大业相比，那就是小问题了。翟让兄弟都是粗人，粗人的问题是思考能力弱，但行动能力强。翟司徒目前固然没什么不利于您的想法，但是，万一他哪一天有想法了，可不会像您这样前思后想，恐怕是说出手就出手，到时候您可就追悔莫及了！

李密一听有道理，思来想去，终于下定决心，解决翟让，扫除隐患！

大业十三年（617）十一月十一日这天，李密摆下宴席，请翟让、翟让的哥哥翟弘、翟让的侄子翟摩侯一起喝酒。翟让欣然前来赴宴。但也不是自己来的，手下两员大将单雄信和徐世勣都跟着他。翟让坐下，他们两个就站在后边侍立。李密本来准备在宴席上动手，一看这架势，深觉不便。这两个大将可都有万夫不当之勇，有他们在场，自己的刀斧手未必对付得了！

怎么办呢？李密想了想，发话了：“**今日与达官饮，不须多人，左右止留数人给使而已。**”今天是我们兄弟欢聚，闲杂人等就别在这儿吧。希望翟让的人能自动退出。

李密一发话，他自己身边的人倒是走了几个，可是，单雄信和徐世勣照样站在翟让身后，不肯走。

这不是该走的都没走，不该走的都走了吗？怎么办呢？这时候，李密的谋士房彦藻在旁边说了一句话：“**今方为乐，天时甚寒，司徒左右，请给酒食。**”今天挺冷，您哥儿俩喝酒，是不是请翟司徒的左右随员也去喝一杯？

李密反应快，赶紧说：“**听司徒进止。**”让翟司徒说了算吧。把这个问题抛给了翟让。翟让此前虽然不无防备，但被李密将在这里，也不好拒绝，只好说：“那就去吧。”既然主公发话，单雄信和徐世勣也就走了。只有李密手下的一个壮士蔡建德还在旁边带刀侍卫。

这时候，李密跟翟让讲：“翟司徒，我新得了一把好弓，趁着酒菜还没摆上来，您先帮我过过眼？”翟让也是英雄出身，一听说好弓，顿时来了精神，马上接过来，一使劲，拉了一个满弓。就在他屏气凝神，跟那把弓较劲的时候，蔡建德从他身后一刀砍了下来。翟让毫无防备，应声倒地，发出像牛一样的吼叫声。可怜一位忠厚老实的好汉，瓦岗军的创业者，就这样死在了李密之手！

杀死翟让之后，蔡建德又接连几下，把翟让的哥哥翟弘、侄子翟摩侯一并砍倒在地。这时候，在隔壁屋子喝酒的单雄信和徐世勣都惊呆了。单雄信腿一软，当即跪在了地上，叩头请求饶命，李密当然是好言安慰。

单雄信服软了，徐世勣呢？徐世勣反应快，夺门而逃。刚跑到门口，就被守门的武士一刀砍在了脖子上，鲜血直流。看到这种情形，李密请来的陪客——当然也是参与者之一的王伯当赶紧喝住了门卫，将徐世勣抬回屋子里，由李密亲手给他包扎。

把这两个重量级人物安顿好了，李密赶紧出来，对着翟让带来的其余人马大喊：“与君等同起义兵，本除暴乱。司徒专行贪虐，凌辱群僚，无复上下；今所诛止其一家，诸君无预也。”咱们都是一块儿起兵要推翻隋朝的，可是翟司徒这个人贪婪暴虐，凌辱手下的官僚，对我也很不尊重，所以今天我就把他一家给杀了，跟你们没有关系，你们不要害怕。

说完之后，还单枪匹马，进入翟让大营，安慰翟让手下的官兵。要知道，翟让是个粗鲁的人，平时待部下恩少威多，比较残忍。他的哥哥和侄子更是没什么人缘，所以，眼看着他们死于非命，其手下人并没有特别伤心。再加上李密推诚待人，还让翟让阵营的徐世勣、单雄信等人继续统领部众，这些官兵也就逐渐安顿下来了。

这样一来，虽然诛杀翟让是瓦岗军集团一次严重的内讧，但也并没有引起轩然大波。连一直跟李密打仗的王世充也忍不住说了一句：**“李密天资明决，为龙为蛇，固不可测也！”**李密真是一条汉子，以后是成龙还是做蛇，不好说。言下之意，这件事他本来是想利用一下子的，但现在看来，利用不成了。

尽管如此，这件事难道就真的完全没有后遗症了吗？不可能。瓦岗寨谁不知道翟让是李密的大恩人，李密连恩人都能杀，以后还有什么人不能杀？所以，虽然表面上太平无事，但是所有人都产生了自危之心，对李密的拥戴之情也冷淡了许多。

经历了这样一些困难，李密的前途会怎样呢？应该说，尽管内部、外部困难重重，但只要没有其他势力的介入，李密的成功还是很有希望的。

东都那边，虽然有王世充增援，但总的来说，李密还是胜多败少，更何况他掌握了几大粮仓，而东都里的粮食供应则是一天比一天吃紧，就算是拖时间，李密也并不吃亏。在内部，虽然杀翟让造成了一些不良影响，但因为李密处置还算得体，所以并没有引发严重的内部分裂。换句话说，只要给李密足够多的时间，他应该可以拿下东都，也可以慢慢弥合瓦岗军的内伤。问题是，这一切都是建立在一个基础上，那就是没有其他势力的介入。可是，这个前提本身是不存在的。就在李密在中原大地上和隋朝的主力部队苦苦搏斗的时候，从山西崛起了一股新的力量，这股力量一崛起，马上，隋末的形势，乃至整个中国历史的方向都发生了一次大的改观……

这支新的势力是谁领导的呢？

第十章 太原起兵

论亲疏，他是隋炀帝的亲表哥；论身份，他是隋朝册封的唐国公，既富且贵。但是谁也没有想到，就是这样一位与隋炀帝有着如此密切关系的人，也开始起兵反叛大隋。这个人到底是谁？他为什么也要造反？

一、预谋造反

大业十三年（617），就在李密率领瓦岗军和隋军主力苦战的时候，有一股力量从太原崛起，迅速地改变了整个隋末局面。这股势力，是一支出自隋朝统治集团内部的造反力量，它的领导者名叫李渊。

李渊是八大柱国之一李虎之后，关陇贵族集团的重要成员，封爵唐国公。他跟隋炀帝还是亲戚，李渊的母亲和隋炀帝的母亲是亲姐妹，两人都是北周重臣独孤信的女儿，李渊比隋炀帝年长两岁，私底下，隋炀帝应该管李渊叫表哥。

正因为这样的出身、这样的关系，隋炀帝在第三次下江都之前，拜李渊为右骁卫将军，太原留守，主持山西地区的军政大局，这可意味着很大的信任。可是，就是这个李渊，居然在大业十三年（617）七月揭竿而起了！

农民军反对隋炀帝可以理解，那是官逼民反，李渊既亲且贵，为什么也要造反？

关于李渊起兵，有一个传统说法是，他本人并不特别想造反，都是被他儿子李世民撺掇的。李世民就是后来的唐太宗，当时还只是一个不到二十岁的少年，在李渊的儿子里排行老二。

别看年纪轻，但人非常英勇。《资治通鉴》中的说法是："聪明勇决，识量过人，见隋室方乱，阴有安天下之志。"此人非常聪明，勇敢果断，而且非常有见识。眼看着隋朝大厦将倾，而自己的爸爸李渊担任太原留守，手握精兵，李世民就产生了夺取天下的想法。

怎样才能夺取天下？按照《旧唐书》《新唐书》和《资治通鉴》的说法，他背着李渊，偷偷开展了如下活动。

第一是结交谋士。当时有个人叫刘文静，本来担任晋阳（今山西太原）令，是个有抱负的人。因为和瓦岗军的领袖李密是姻亲，受到牵连，被关进了太原监狱。这样的人，一般人都会躲着走，可李世民偏偏到监狱里去探望他。

刘文静平时就对李世民青眼相加，此时更为感动，推心置腹道："天下大乱，非高、光之才，不能定也。"现在天下大乱了，只有像汉高祖或东汉光武帝那样的人才，才能够挽救这个局面。

李世民当即回应："安知其无，但人不识耳。我来相省，非儿女子之情，欲与君议大事也。计将安出？"你怎么知道现在没有？只不过别人还没看出来罢了。言下之意，我就是汉高祖、光武帝那样的人才。而且我现在到监狱来探望你，也不仅仅是出于一般的友情，我是想来跟你谋划天下大事的。你说说，心里有什么打算？

刘文静说："今主上南巡江、淮，李密围逼东都，群盗殆以万数。当此之际，有真主驱驾而用之，取天下如反掌耳。太原百姓皆避盗入城，文静为令数年，知其豪杰，一旦收集，可得十万人，尊公所将之兵复且数万，一言出口，谁敢不从！以此乘虚入关，号令天下，不过半年，帝业成矣。"大意是说，如今隋炀帝南巡江淮，不回来了，而李密又包围了东都洛阳。其他的群盗数以万计，真是天下大乱。在这样的背景下，如果有一个英雄，振臂一呼，肯定会应者云集。在我们太原地面上，就应该产生这样一位英雄。为什么？现在太原城里，有十万人都是避贼入城的避难之人。我在这里当了几年的县令，深知此地临近少数民族地区，民风劲悍，一旦将这些人召集起来，那就不是十万难民了，而是十万雄兵。而且，你父亲唐国公李渊手里本来就有几万军人，如果把这两股势力——难民的势力和军队的势力结合到一起，然后乘虚进入关中地区，那么不出半年，天下就可以平定。

刘文静从形势分析到实力分析，再到作战的方向把握，应有尽有，给李世民提出了一整套夺取天下的解决方案。

李世民一听大喜，说："君言正合我意。"这样一来，刘文静也就成了李世民的一个谋士。

第二是结交将领。当时有三个皇帝的侍卫武官，一个叫长孙顺德，一个叫刘弘基，还有一个叫窦琮，都因为逃避辽东之役，到太原来政治避难。既然要造反，就得有带兵的将军。李世民觉得这几个人素质不错，就倾心和他们结交。这些人本来都是戴罪之身，算是在人屋檐下讨生活，现在居然得到唐国公二公子李世民的礼遇，心里当然感激，很快也就都成了他的死党。

谋臣和武将都有了，等于造反班底搭起来了，现在只差一个最关键的人物——李渊。太原毕竟是李渊的天下，如果李渊不同意造反，李世民再折腾也是白搭。

李渊是什么样的人？按照传统史书中的记载，李渊是个胸无大志的人，每天就知道醇酒、美人，而且年纪也五十多岁了，在古代已经算步入晚年，意志比较消沉，不想冒风险。

怎么能让他振作起来呢？谋士刘文静给李世民出了一个主意。刘文静说，李渊最喜欢晋阳宫监裴寂，每天跟裴寂一块儿喝酒，总有说不完的话。请裴寂劝他，他没准儿容易听进去。问题是，怎样才能说服裴寂，让他甘当李世民的说客呢？裴寂爱钱，李世民就拿出几百万私房钱，派自己的一个手下和裴寂赌博。赌博的结果不用说，自然是李世民的钱全部进了裴寂的口袋，然后再告诉裴寂，这都是李渊的二公子李世民奉献给他的。

这是不是很像当年杨广收买杨素的故技？非常神似。而且结果也和当年一样，裴寂见钱眼开，也就答应帮助李世民游说李渊了。

正好在这个时候，李渊这边又出了一个新情况，一下子让游说工作变得容易了。

当时隋朝已经跟突厥关系破裂，突厥经常性地骚扰北边，这一次，甚至一直打到了马邑（今山西朔州）。这可是李渊的职权范围，李渊派副留守和马邑太守王仁恭一起迎敌，结果却打输了。

打输了会有什么后果？别看隋炀帝自己打高句丽也打不赢，但处理败军之将还是非常严厉的，所以，李渊心里没底，非常惶恐。看到这种情况，李世民就悄悄地对李渊说：“今主上无道，百姓困穷，晋阳城外皆为战场。大人若守小节，下有寇盗，上有严刑，危亡无日。不若顺民心，兴义兵，转祸为福，此天授之时也。”当今皇帝无道，百姓深受其苦，晋阳城外几乎没有太平的地方。大人，您现在处境多狼狈！外面有盗贼作乱，上边还有皇帝的严刑威逼，您这次又打了败仗，还不知道皇帝会给您什么处罚，与其在这儿坐着等死，还不如顺应天意民心，兴兵造反。这才是真正的转祸为福啊！

儿子劝反，李渊什么反应？据记载，李渊大惊失色，厉声说：“汝安得为此言，吾今执汝以告县官！”你怎么敢说这样的话！我马上就去告发你！说着就要拿纸拿笔。

李世民当下不急不火，神色从容，继续劝谏：“世民观天时人事如此，故敢发言；必欲执告，不敢辞死！”我也是综合考虑了天时人事，才跟您说这番话，如果您一定要告发我，我不敢不死！

李渊怎么可能真的去告自己的儿子呢？他长叹一声，罢了。

第二天，李世民恭恭敬敬，又来游说李渊了。他说：“**今盗贼日繁，遍于天下，大人受诏讨贼，贼可尽乎？要之，终不免罪。且世人皆传李氏当应图谶，故李金才无罪，一朝族灭。大人设能尽贼，则功高不赏，身益危矣！**”就算这次兵败突厥，皇帝不处罚您，您也要想想自己的处境。您来太原，是肩负着讨伐盗贼的任务。可如今盗贼遍天下，您能讨伐得尽吗？讨伐不尽，终究免不了一死。要是万一成功，就更麻烦了。最近天下都传“**当有李氏应为天子**”，皇帝也很忌讳。李金才什么罪都没有，居然就被灭族。如果您真的把盗贼讨伐尽了，到时候功高不赏，皇帝岂不是更加猜忌！那咱们一家，还能活着吗？您好好考虑一下我昨天的意见吧。

李渊听罢，叹息一声说：“**吾一夕思汝言，亦大有理。今日破家亡躯亦由汝，化家为国亦由汝矣！**”我一夜都在考虑你的话，你说得很有道理。你就折腾去吧，以后若是把我们搞得家破人亡，那是你的罪过；若是你真能化家为国，那也是你的功劳。这算是默认了李世民的做法。

正在这时候，又发生了一件事，更加坚定了李渊的决心。

李渊自从迎战突厥失败之后，整天惴惴不安，不知道皇帝会怎么处罚他。这时候，隋炀帝的处置终于下来了，他派了一个使者到太原来，要把李渊和王仁恭押送到江都！

到江都之后，会是什么结局？最大的可能就是杀头。就算不杀头，恐怕也要降级使用，没准儿就留在江都帮隋炀帝镇压起义军了。这就等于是背井离乡，任人宰割。李渊才不愿意主动送死，所以，一看见这个处罚，他的心都凉了。

趁这个时机，李世民赶紧再劝，说："今主昏国乱，尽忠无益。偏裨失律，而罪及明公。事已迫矣，宜早定计。且晋阳士马精强，宫监蓄积巨万，以兹举事，何患无成！代王幼冲，关中豪杰并起，未知所附，公若鼓行而西，抚而有之，如探囊中之物耳。奈何受单使之囚，坐取夷灭乎！"如今主上昏庸，国家动荡，为这样的君主和国家尽忠是没有意义的。明明是您手底下的人打了败仗，却要让您去顶罪，这不是滥罚无辜吗？现在马上要把您押到江都去了，形势紧急，希望您早定大计。

我们太原地区兵强马壮，而且晋阳宫囤积了不少战略物资，我们就以这个为基础兴兵造反，那一定是战无不胜的。

若是决定了兴兵造反，咱们就直扑关中，因为在大兴城主持工作的是代王杨侑，他不过是一个十多岁的小孩子，没什么能耐。如今关中也是豪杰并起，只不过还没有一个主心骨，没有一支核心力量。如果我们现在从太原打过去，就能够成为核心力量。到那时候，要夺取天下，还不是如同探囊取物一样容易！

有这么好的前景不要，居然想接受一介使者的囚禁，到江都去忍受不测之灾，那不是犯傻吗？与其坐以待毙，不如铤而走险！

李渊本来已经动了心，这时候也别无选择，准备依计而行。

可是，有一句话叫“好事多磨”，正在李渊父子蠢蠢欲动的时候，忽然隋炀帝又派了一个使者来，传令说：先前让李渊去江都那个诏书不算了，皇帝仁慈，赦免李渊的罪行，让他还继续当太原留守。

这道新的诏令下来，李渊松了一口气，对造反的事又不热心了。他一不热心，李世民可着急了，这个老爹爹怎么如此胸无大志，出尔反尔呢？

李世民不是拉拢了李渊的心腹裴寂吗？这时候，裴寂该派上用场了。李世民让刘文静去找裴寂，对他说：“先发制人，后发制于人。何不早劝唐公举兵，而推迁不已！且公为宫监，而以宫人侍客，公死可尔，何误唐公也！”先发制人，后发制于人，这是人人都懂的道理啊！你都答应我们劝唐公起兵了，怎么还不快催着点儿！另外，你当晋阳宫监，居然私自把皇帝的宫女送给唐公，这可是欺君死罪。你死了也就罢了，可不要连累唐公！

刘文静这是在威胁裴寂，你做的那点事，别以为我不知道，我若是给你报告上去，你可吃不了兜着走，所以，还是按咱们之前的约定来，赶紧劝李渊起兵吧。

那么，裴寂到底劝没劝？劝了。他悄悄对李渊说：我前一段时间送您侍寝的那些女孩子都是晋阳宫的宫女，如果被皇帝知道了，我们都得死，所以，还不如造反算了。李渊本来还不知道自己犯了这么大的错，既然知道了，也就别无选择，只好下定决心，准备造反。

按照这种记载，虽说是李渊起兵，但前前后后都是李世民在张罗。从开始预谋造反，到建立造反班底，再到说服李渊，为李渊指明造反的方向和方法，全都是这个十八岁天才少年的功劳。是不是果真如此呢？其实并不是。有两个理由不容忽视。

第一，根据相关史书中一些蛛丝马迹的记载，李渊可不像《旧唐书》《新唐书》和《资治通鉴》说的那样窝囊，事实上，对于改朝换代，他是早有预谋的。唐朝笔记小说《隋唐嘉话》记载了这样一段话：“炀帝宴群臣，以唐高祖面皱，呼为‘阿婆’。高祖归，不悦，以语窦后，后曰：‘此吉兆。公封于唐，唐者堂也，阿婆即是堂主。’高祖大悦。”大意是说，隋炀帝某次大宴群臣，李渊也参加了。因为李渊满脸皱纹，隋炀帝就打趣他，管他叫阿婆。李渊觉得很没面子，回家就跟夫人窦氏诉苦。夫人说：这是吉兆啊！皇帝管你叫阿婆。阿婆是什么？那是堂主。你封为唐国公，他说你是堂主，这不是说你要化家为国，当天下之主吗？李渊一听，高兴得不得了。

这件事发生在什么时候，史书并没有记载，但是，大业十二年（616），李渊被任命为太原留守，同一年，隋炀帝也下了江都，他俩能一块儿喝酒，说明这件事一定发生在这一年以前。换句话说，最晚在大业十二年（616），李渊也好，李渊的夫人也好，就在脑子里翻腾起了当天下之主的念头，根本不用李世民来启发。

其实，这一点都不奇怪。关陇贵族集团本来就有皇帝轮流做的传统，一旦现行统治者地位不稳固，内部立刻就会有人产生取而代之的想法。当年，大贵族杨玄感不也是基于这种想法才造反的吗？李渊是八大柱国之后，一个姨妈是隋文帝的皇后，另一个姨妈是北周明帝的皇后，他的妻子窦氏还是北周武帝的外甥女，两朝皇亲国戚，论根基，比杨玄感还要硬，在当时的历史背景下，他怎么可能没有“彼可取而代之”的想法？所以说他早有预谋，根本不用儿子提醒，更不用儿子逼迫。

既然如此，那么，李世民所做的那些事，诸如拉拢文臣武将等是不是真的？我觉得，那些事情应该是真的，但是，它应该不是出自李世民的原创，而是李渊授意的。为什么这么说？有一个最简单的道理，如果没有李渊在背后支持，李世民一个十八岁的少年，哪里来的几百万私房钱去收买人心？

从这一点就可以看出李渊的老辣来了，眼看着天下大乱，他也想乘时而起，但是，他是一个谨慎的人，知道自己身份敏感，目标太大，不方便行动。怎么办？就让儿子李世民替他来办这些具体的事，替他联络英雄。等英雄的野心被激发起来，他再假装窝囊，非让英雄们再劝一番，才最终表态。这其实也是为了进一步统一人心，凝聚思想，跟“三让而后受之”是一个道理。

只不过后来李世民通过政变做了皇帝，成了历史的胜利者，为了说明自己当皇帝的合理性，干脆篡改历史记录，把自己从执行者变成了主谋，又把老爸李渊刻画成了一个窝囊废而已。这个结论，最近一些年已经被历史研究者充分论证了。

二、晋阳起兵

经过李渊的老谋深算和李世民的努力协助，造反的班底算是搭建起来了。问题是，造反无论如何不是一件容易的事情，弄不好就要身败名裂。李渊是个城府很深的人，既然决定造反，那就一定要把准备工作做好，确保万无一失。造反之前，李渊一共干了五件大事。

第一，召集儿女。俗话说，打仗亲兄弟，上阵父子兵。李渊要是造反，最信赖的当然是自己的儿女。可是，当时他的几个大一点儿的儿女中，只有李世民在身边，其余长子李建成、三子李元吉和女婿柴绍都不在太原。怎么办？往回叫吧。这几个孩子接到父亲的书信，也都拼命往回赶。到六月，基本都到了太原。

第二，收买民心。就在大业十三年（617）五月，太原留守李渊忽然接到一封皇帝的敕书。里面写着："发太原、西河、雁门、马邑民年二十已上五十已下悉为兵，期岁暮集涿郡，击高（句）丽。"大意是说，凡太原及其周边地区，男子在二十岁到五十岁的，统统当兵，到年底再去打高句丽。这不是扫地为兵，让老百姓都去送死吗？

这道敕书一传开，马上"人情恟恟，思乱者益众"。老百姓都议论纷纷，想要造反。难道隋炀帝此时真的发出了这样一道敕书吗？其实并不是。这是李渊让刘文静伪造的。问题是，这个伪造的敕书太像真的了。谁都知道，隋炀帝一直对高句丽耿耿于怀，也一直没死了打高句丽的心，所以，说这道敕书是他发出的，绝对无人怀疑，也无人不恨之入骨。就这样，凭一封伪造的敕书，李渊成功地把太原变成了一个火药桶，也为自己以后起兵赢得了民心基础。

第三，大肆募兵。要想造反，不光要有民心，还要有兵力。

李渊手里已经有了几万士兵，但是还嫌不够，还要再招募一些。当时，太原周边有很多支造反军队，其中有一支军队的领袖叫刘武周，此人借助突厥势力，把马邑太守王仁恭杀了，还抢占了隋炀帝的行宫汾阳宫。

李渊担任太原留守，不仅要防控突厥，还要防控起义军。现在，听闻起义军占了皇帝的行宫，李渊就把手下的军官都召集到一起，问他们：“武周据汾阳宫，吾辈不能制，罪当族灭，若之何？”刘武周占据汾阳宫，我们却不能制止，论罪该当灭族，怎么办？

这些将领也都在为这件事发愁，此刻赶紧说，我们没主意，都听您的。听了这句话，李渊为难道：“朝廷用兵，动止皆禀节度。今贼在数百里内，江都在三千里外，加以道路险要，复有他贼据之；以婴城胶柱之兵，当巨猾豕突之势，必不全矣。进退维谷，何为而可？”朝廷用兵，行止进退都要禀明上级，问题是，如今贼在三百里外，而皇帝在三千里外的江都，加上道路险要，还有别的盗贼盘踞，我们如此拘泥，盗贼则势如虎狼，两相较量，我们必然无法保全。真等禀报了皇帝再决定，那恐怕黄瓜菜都凉了，我也是进退维谷，不知怎么办才好啊！

手下一听，赶紧表态说：“公地兼亲贤，同国休戚，若俟奏报，岂及事机；要在平贼，专之可也。”您既是宗亲，又是贤臣，同国家命运休戚相关，若是事事等着奏报，哪里赶得上时机？只要是为了平灭盗寇，专权也是可以的。意思是说，别禀报了，就您说了算吧。

李渊见目的达到了，这才说："然则先当集兵。"既然如此，那我就专权一把。现在兵力不够，要想大败起义军，只好赶紧募兵。文书发布出去，没过半个月，就招募了一万人左右，让李世民还有他结交的那帮英雄统领。

第四，除掉绊脚石。隋炀帝虽然派李渊担任太原留守，但对他也并不是完全信任。还派了两个副手，一个叫王威，另一个叫高君雅，让他们来监视他。这两个人本来也同意李渊募兵，但是把招募来的新兵都交给逃兵役的罪犯来统领，他们心里不免怀疑起来了。这个唐公，不会是想造反吧？想到这儿，他们决定先把刘弘基和长孙顺德抓起来审一审。李渊当时各项准备工作还没有完全做好，如果这时候把他手下的重要将领抓起来审问，难免会露出蛛丝马迹来，后果将不堪设想。可有道是"吉人自有天相"，就在这个时候，有一位贵人来给李渊帮忙了。

此人是山西当地的一个木材商人，名叫武士彟，就是大名鼎鼎的女皇武则天的爸爸。这个人精明强干，黑道、白道都能走，别看只是一介商人，但跟太原的军政长官都很熟。就在王威和高君雅想要追查李渊手底下那些统兵官将发未发之际，有一天，武士彟来找王威和高君雅喝酒。

大家平常关系都很熟，喝酒的时候，说话也比较开放，王威和高君雅也没想背着他，就说："顺德、弘基皆背征三侍，所犯当死，安得将兵！"刘弘基、长孙顺德都是逃避兵役之人，是罪犯，现在唐公让他们领兵是什么意思？所以我们想把这两个人抓起来审一下。

武士彟一听他们这么说，大脑开始飞速旋转起来：太原留守和副留守之间产生矛盾了，而且不是一般的矛盾，这恐怕就是拥隋和反隋的两条路线斗争！在这两条路线之间，哪个更有前途？武士彟是一个聪明人，他觉得反隋更有前途。既然如此，何不给自己搏一个未来呢？想到这里，他装出一副推心置腹的样子，对王威和高君雅说："二人皆唐公客，若尔，必大致纷纭。"两位老兄真要去审刘弘基和长孙顺德？恐怕不妥呀。这两个人都是唐公的客人，现在并没有什么实实在在的证据，你就抓人家手底下的人，以后你们上下级之间的关系还怎么处理？还是先放放，有了证据再说吧。王威和高君雅也比较优柔寡断，觉得有道理，真就把这事儿给放下了，暂且算是救了李渊。

不过，虽然武士彟暂时替李渊挡了一下，但是眼看着李渊紧锣密鼓地张罗，王威和高君雅也不是傻子，心里的疑虑还是越来越大。怎么办？此时正逢太原大旱，李渊作为最高军政长官，要到晋祠去替百姓祈雨，王威和高君雅想来想去，打算趁李渊出城，身边没有防备的时候把他抓起来，交送隋炀帝。他反也罢，不反也罢，由皇帝说了算。这可是千钧一发之际，试想，起义都还没有开始，主帅如果被抓起来，那是什么后果？

但是，谋划了这么一件事之后，王威和高君雅又犯傻了。这两个人一贯办事不密，不小心把这事情告诉了他们的一个朋友。此人名叫刘士龙，是晋阳的一个乡长，算是基层公务员。

刘士龙也是个八面玲珑的人，内心判断了一番之后，把这件事报告给了李渊。李渊大吃一惊，连夜做了安排。第二天早晨，他照样和王威、高君雅一起坐在府衙里处理公务。处理未毕，刘文静带进来一个人，声称有密状。李渊就让他交给王威。没想到，这个告密状的人坚决不给，说自己这密状告的就是两位副留守，所以，坚决不能交给他们，一定请唐公您亲自看！

李渊一听，假装大惊失色，赶紧接过来看，只见里面赫然写着："威、君雅潜引突厥入寇。"王威、高君雅暗中勾结突厥人入侵。

直到此时，高君雅终于反应过来，破口大骂说："此乃反者欲杀我耳！"这是造反的人要杀我了啊！可是，此时再明白还有什么用？刘文静和刘弘基、长孙顺德一干人一拥而上，把两位副留守抓了起来，砍头了事。就这样，王威和高君雅举报李渊未成，反倒被李渊先发制人，成了冤死鬼。

把这两个绊脚石除掉，意味着李渊的内部稳定下来了，从此，整个太原城就听李渊的了！

第五，称臣突厥。现在，李渊兵源有了，民心有了，内部也稳定了，他还差什么？李渊要想夺取天下，还有一个最大的顾虑，那就是太原以北的突厥。突厥当时兵强马壮，一旦李渊发兵去攻打大兴城，他们从背后打过来，那李渊就腹背受敌了。怎么办呢？这时，刘文静出主意说，不如和突厥联合，这也是中原政权的老方法，当年北周和北齐都这么干。李渊也熟知此道，马上依计而行。

怎么联合突厥呢？李渊打点了一大堆金银珠宝送给始毕可汗，还以臣子对君主的礼仪，亲自给始毕可汗写了一封信，信上说："欲大举义兵，远迎主上，复与突厥和亲，如开皇之时。若能与我俱南，愿勿侵暴百姓；若但和亲，坐受宝货，亦唯可汗所择。"现在天下大乱，皇帝在江都不回来，这样不行！所以，我想举义兵，把他接回来主持局面。然后和突厥和亲，跟当年文帝时候一样。可汗若是愿意和我一起兴兵南下，那我当然欢迎，如果只是想和亲，不想和我们一起打仗，那我们也高兴，照样会奉上礼物。

这其实是给始毕可汗指了两条路，一条是帮李渊一起打，这是积极方案；还有一条路，就是不帮忙，但是也不坏事，这是消极方案。

两条道路都对突厥有利，始毕可汗当然不会拒绝。他到底选哪条道路呢？他选的是积极道路，派了两千兵马过来助阵。突厥这样一表态，李渊终于觉得，万事俱备，只欠东风了。

大业十三年（617）七月，李渊以第四子元吉为太原太守，留守晋阳宫，坐镇后方。自己则在军门誓师，夹杂着打起绛、白两色大旗，表示既服从隋朝，又服从突厥，然后打着推尊远在大兴城的代王杨侑的旗号，和大儿子李建成、二儿子李世民一起，率领三万士兵，从晋阳宫出发，直奔大兴城而去了！那么，这支军队又会面临怎样的前景？

第十一章 关中易主

在起兵反隋的各路武装中，瓦岗军的李密实力最强，他也是胸怀大志之人，梦想着改朝换代。但是最终的胜利者却不是李密，而是在太原起兵的李渊。李渊为什么能笑到最后？面对李密这个有实力的对手，老谋深算的李渊是如何运作的？

一、拉拢李密

大业十三年（617）七月，李渊从晋阳起兵，直奔关中而去。这一路进兵，能否顺利呢？

征程顺利与否，一方面取决于自己的实力；另一方面还要取决于对手的实力。此时李渊的对手是谁？恐怕大多数人会不假思索地给出答案：当然是隋炀帝了。李渊打出反隋炀帝，不反隋朝的口号，声称要推尊代王杨侑，隋炀帝岂能饶他！毫无疑问，隋炀帝确实是李渊的对手，但是，此刻他远在江都，真是天高皇帝远，并不能真把李渊怎么样。

除了隋炀帝，李渊的对手还有谁？还有两个对手非常重要。一个是包围洛阳的造反派李密，另一个是在大兴城监国的代王杨侑。为什么李密是对手？很简单，因为李密和李渊有共同的志向，都是要打天下，改朝换代。这样一来，两个人自然形成了竞争关系。而且，李密的内心，也是想要占据关中的，现在李渊先下手为强，他能痛快吗？李密当时已经在洛阳周围打出了威风，是当之无愧的反隋盟主，李渊刚刚起兵，还比较弱势，此刻若是与李密为敌，李渊吃不消，也划不来。怎么办呢？

李渊是个聪明人，他主动给李密写了一封信。先表达了一番对李密的敬仰之情，然后说明自己只反隋炀帝，不反隋王朝的志向，告诉李密，自己并没有争夺天下的企图，希望李密理解。

李密接到信之后非常兴奋。要知道，李渊和李密虽然都是八大柱国之后，但是，李渊是祖父一辈任八柱国，而李密则是曾祖父一辈任八柱国，李渊比李密长了一辈，年龄比他大了十五岁左右。若论在隋朝的官职地位，李密更是没法跟李渊比。

现在，李渊主动跟自己沟通，而且信写得这么客气，李密心里很是受用，马上就让祖君彦起草了回信。信中先说："与兄派流虽异，根系本同"，一笔写不出两个"李"字，咱们五百年前本是一家子，关系应该是很亲近的。然后又说："自惟虚薄，为四海英雄共推盟主，所望左提右挈，勠力同心，执子婴于咸阳，殪商辛于牧野，岂不盛哉？"我自认为势单力薄，但被天下的英雄共推为盟主，希望能和各路英雄互相扶持，同心协力完成在咸阳抓住秦王子婴、在牧野灭掉商帝辛这样的大业。总而言之，就是进一步确认自己是反隋盟主，希望李渊追随他，一起灭掉隋朝。

李渊看见这封信后，不禁笑了起来。说："密妄自矜大，非折简可致。吾方有事关中，若遽绝之，乃是更生一敌；不如卑辞推奖以骄其志，使为我塞成皋之道，缀东都之兵，我得专意西征。俟关中平定，据险养威，徐观鹬蚌之势以收渔人之功，未为晚也。"李密这个人妄自尊大，还真把我当小弟了。不过，我可不想跟他计较。我若是跟他计较，那就等于又给自己多找了一个敌人，这毫无必要。因此，还不如好好地忽悠他，让他去给我堵住虎牢关，拖住东边的隋军，这样我才能一心一意地往西打。等我平定关中，他和隋军也就两败俱伤了，到时候，我再坐收渔人之利，岂不是最好的事情！

有了这样的策略，李渊给李密回信，就写得相当艺术了。他说："殪商辛于牧野，所不忍言，执子婴于咸阳，未敢闻命。"将商帝辛诛灭于牧野这样的话，我是不忍心说的；在咸阳抓住秦子婴的事，我也是不敢听的。言外之意，我是隋朝的忠臣，因此，你劝我像当年消灭商纣王、捉拿秦王子婴那样对待隋炀帝，我是不敢做、不肯做，也不忍做的。

但是，话虽如此，李渊又说了："天生烝民，必有司牧。当今为牧，非子而谁！"天生众生，必须要有管理他们的人，而今治民之人，不是您又能是谁呢？也就是说，我虽然不做，你却可以做呀！等你做了皇帝那天，如果能把我还封为唐公，我就心满意足了！还是摆出一副胸无大志的窝囊样子。

李密一看这封信，更加志得意满，跟手下说："唐公见推，天下不足定矣！"连唐公都推举我，看来天下不足平呀！真把李渊当成了伙伴，对李渊向关中推进也就没有任何意见了。就这样，李渊通过外交手段，成功地把一个敌人变成了盟友。

二、霍邑之战

再来看代王杨侑。李渊不是声称要推尊杨侑吗？怎么杨侑也成了敌人呢？这其实一点儿都不难理解。别看杨侑当时还是一个十三岁的孩子，但是，残酷的政治环境催人成熟。他非常清楚，李渊的所谓推尊，只是一个掩人耳目的幌子罢了，一旦让李渊进入大兴城，无论是大隋王朝，还是他本人，也就任人宰割了。所以，一听到李渊太原起兵的消息，代王杨侑马上安排两员大将进行殊死抵抗。

这两员大将，一个是虎牙郎将宋老生，率两万精兵，屯驻霍邑（今山西霍州）；还有一个是屈突通，率几万骁果，屯驻在河东郡（今山西永济）。霍邑也好，河东郡也好，都在从太原进军大兴城的必经之路上，代王杨侑是希望依靠这两位将军，把李渊挡在潼关以西。李渊要想打进关中，必须先把这两处拿下才行。这样一来，李渊和两位将军必将狭路相逢。

大业十三年（617）七月十四日，也就是起兵的第十天，李渊的军队已经打到了霍邑旁边。但是，就在这个地方，李渊遇到了第一次重大挫折。

七月，北方的雨季到了。连日阴雨，道路湿滑，李渊的军队没法往前推进，只好就地驻扎下来。可是，没过几天，驻扎就变得困难起来，主要的原因是没粮食了。俗话说“民以食为天”，三万人的军队没粮食吃，这不是等着哗变吗？

这也罢了，就在这时候，有一条小道消息不知从何而起，说突厥人背信弃义，和刘武周一起攻打晋阳了！

这条小道消息一传开，军队马上就慌了神。晋阳是李渊军队的大本营，粮食也罢，其他补给也罢，全靠晋阳供应。此时，李渊已经派人回晋阳去调集粮食去了，如果晋阳失守，这粮食恐怕就调不过来了！再说，不光是粮食问题，好多军人的家属都在晋阳，一旦晋阳失守，这些老弱妇孺可怎么办！

这时候，威望很高的裴寂先行表态：“宋老生、屈突通连兵据险，未易猝下。李密虽云连和，奸谋难测。突厥贪而无信，唯利是视。武周，事胡者也。太原一方都会，且义兵家属在焉，不如还救根本，更图后举。”我们前面是宋老生和屈突通的军队，这两个人都挺有本事，而且据险死守，恐怕一时之间难以拿下。东都的李密也不是什么好人，虽然表面上说是和我们联合，但也很难相信，没准儿就会乘人之危，突然打过来。突厥更不可信，那是唯利是图之人，如果他们觉得跟刘武周打太原得到的好处比我们送给他的多，那他们一定会背信弃义。而刘武周就是一个靠突厥吃饭的打手。太原可是我们的大本营，将士家属也都在那边，这个地方绝对丢不得。此刻太原告急，我们得赶紧回去救援，其他的事都得往后靠！很明显，裴寂主张撤军。

他的话刚一说完，年少气盛的李世民马上反驳。他说："今禾菽被野，何忧乏粮！老生轻躁，一战可擒。李密顾恋仓粟，未遑远略。武周与突厥外虽相附，内实相猜。武周虽远利太原，岂可近忘马邑！"

这其实是一条一条地把裴寂的话给反驳回去了。

先说缺粮的问题。我们现在暂时是没有粮食，可七月田野里到处都是即将成熟的豆子和各种谷子，我们就近收割，也能解决一部分吃粮问题，这不是真正的危险。

再说敌人宋老生。宋老生是一个非常轻狂、暴躁的人，我敢保证，只要打一仗我就可以赢他，这个问题交给我，你也不用担心。

再说李密。你说李密可能偷袭我们，我认为不能。李密正守着他那几个大粮仓，美美地当着富家翁，他可没有那么积极进取。让他抛弃那份家底来攻打我们，我认为他做不到。

那么，刘武周和突厥呢？刘武周和突厥表面上是同盟，但其实也是各怀心事，互相猜忌。如果刘武周引得突厥人来打太原，他就不怕他刚刚占领的马邑也被突厥人顺手吃掉吗？

所以，这些担心是不必要的。既然如此，李世民打算怎么办呢？他说："本兴大义，奋不顾身以救苍生，当先入咸阳，号令天下。今遇小敌，遽已班师，恐从义之徒一朝解体，还守太原一城之地为贼耳，何以自全！”我们是义军，打出的旗号是拯救天下苦难。如果我们真的怀揣理想，就应该一鼓作气，打到大兴去；如果我们说得挺好，结果遇到一点儿小挫折，就往回撤，天下人会怎么看待我们？追随我们的士兵，又会怎么看待我们？很可能他们就解体了。如果大军解体，那我们就算回到太原，守住太原，也不过是跟其他那些婴城自保的盗贼一样，除了眼前的一点利益，什么都没有。到时候朝廷来围剿我们，我们恐怕连自保都难。所以我认为，绝对不能往回退，一定要一往无前。

军队里出现了两派意见，李渊到底听谁的？他是个老成持重之人，觉得还是裴寂的说法更稳妥些，所以不顾李世民反对，勒令军队回师。

这样一来，李世民可着急了。想再去劝劝李渊，可是天色已晚，李渊睡下了，不见人。情急之下，李世民索性站在帐外，号啕大哭起来，哭得李渊都睡不着了，只好把他叫进来，问他哭什么。

好不容易赢得机会，李世民不由得慷慨陈词："今兵以义动，进战则克，退还则散；众散于前，敌乘于后，死亡无日，何得不悲！”如今士兵是靠大义聚集起来的，如果一鼓作气往前走，就能够打败敌人。但如果往回退，气势先没有了，士兵心散了，人也就会散去。到那时候敌人再从后面追杀我们，我们必死无疑。想到这些，我怎么能不哭？

李渊一听，觉得也有道理，赶紧说：“军已发，奈何？”我已经让军队回撤了，怎么办呢？

李世民说：“右军严而未发；左军虽去，计亦未远，请自追之。”我率领的右军整装而未发，大哥建成率领的左军虽然出发，但估计还没走远，请您下令，让我去追赶他们吧。就这样，连夜又把左军追回来了。

峰回路转。不仅士兵追回来了，李渊派回晋阳运粮食的人也回来了，当然，突厥人进攻的小道消息也不攻自破，军队随之安定下来。这时候已经进入八月，雨也停了，万事俱备，正好鼓行向前！

八月十二日，李渊大军经过一个月的耽搁，终于来到霍邑，与宋老生对峙。眼下宋老生是守，李渊是攻，守的人和攻的人，谁更着急？当然是进攻方着急。所以，李渊这时候又陷入了一个新的烦恼中，万一宋老生固守霍邑，不出战，怎么办？

这时候，李世民又给他吃了一颗定心丸。他说：“老生勇而无谋，以轻骑挑之，理无不出；脱其固守，则诬以贰于我。彼恐为左右所奏，安敢不出！”您放心，宋老生有勇无谋，我们用轻骑向他挑战，按理他不会不出战；假使他坚守不出，我们就诬陷他对朝廷有二心，所以才拖延不战，他害怕被左右的人奏报，怎敢不出战呢？

李渊一听这个分析，不由得对这个儿子刮目相看。这条计策，够狠，也够毒！

到底怎样“以轻骑挑之”？这时候，李渊先带着几百个骑兵到霍邑城东去迎接步兵，只有李建成和李世民带领几十个骑兵来到霍邑城下，他们拿着鞭子指来指去，好像在谋划将来怎么围城。

宋老生一看这些人如此嚣张，已经非常生气了，这时候，李世民他们又对着城头破口大骂起来，把宋老生骂得一佛出世，二佛升天。宋老生是个性情暴烈的人，早已忍无可忍，又看到李世民手下不过几十号人马，自然不放在眼里，领着三万士兵就从东门和南门杀了出来。这时候，李渊手下的步兵也到了，两军立刻陷入混战之中。

宋老生的军队从东门出来的比较多，李渊和大儿子李建成在霍邑城的东门列阵；李世民则在霍邑城南门列阵，对付从南门出来的守军。

宋老生的军队毕竟已经在城里养精蓄锐很久了，正处在以逸待劳的良好状态下；而李渊的军队则在外面风餐露宿了一个月，就连当天的早饭还都没吃，难免战斗力差一些。此刻李渊被宋老生的人马一冲击，不由得向后退去。这边李世民一看局面不好，当机立断，马上放弃南门，领兵就朝东门杀了过去。

这样一来，宋老生相当于腹背受敌，阵势就有点乱了。这时候，李世民挥舞两把大刀朝宋老生的军队砍了过去，一口气连杀了几十人，两把大刀都砍得卷了刃。古代人袖子宽，李世民又接连杀人，两只袖子里兜满了敌人的鲜血。只见他把袖子提起来，把血往外一倒，又冲入敌阵之中。有他这么身先士卒，很快，李渊这边的局势稍稍扭转了一些。

不过，虽然李渊的个人英雄主义很有魅力，但宋老生的三万士兵还是具有相对优势，如果持续战斗下去，胜负未可预料。可是，就在这个时候，李渊这边也不知道谁喊了一句：已经抓住宋老生了！这样一来，军心大乱，宋老生的军队再也无心作战，只知道没命地往回跑。李渊是个久经沙场的老将，哪能让他们再跑回去，早领着骑兵先去把城门从外面关上了。

宋老生跑到城门边，一看门关着，进不去，慌不择路，一下子就跳进了城边的壕沟里。这不等于自寻死路吗？李渊手下的将军刘弘基走上去，一刀结果了宋老生。宋老生尚且死得如此凄惨，他手下的将士就更是可想而知了。按照《资治通鉴》中的说法，死者“伏尸数里”，惨不忍睹。就这样，到薄暮时分，经过将近一天的搏斗，霍邑终于被攻克了，代王杨侑设立的第一道防线也就此失灵。

下一道防线就是屈突通把守的河东郡了。屈突通这个人前面提到过，是个厉害角色，大兴城里曾经有“宁食三斗葱，不逢屈突通”的歌谣。他可不比宋老生，他沉得住气，自从手下跟李渊打了一个败仗之后，他就再也不出城了，婴城固守。这对李渊一方相当不利。

怎么办？这时候，李渊这边又发生争执了。争执的双方还是裴寂和李世民。

裴寂说：“屈突通拥大众，凭坚城，吾舍之而去，若进攻长安不克，退为河东所踵，腹背受敌，此危道也。不若先克河东，然后西上。长安恃通为援，通败，长安必破矣。”我们必须先解决屈突通。否则，如果我们绕过他，进攻大兴，他就会从后面打我们，到时候我们不就腹背受敌了吗？所以，不如先集中全力解决他，只要把他打败，再破大兴就易如反掌了。这是主张按顺序来，先解决屈突通。

可是，李世民对此不以为然。他说：“兵贵神速，吾席累胜之威，抚归附之众，鼓行而西，长安之人望风震骇，智不及谋，勇不及断，取之若振槁叶耳。若淹留自弊于坚城之下，彼得成谋修备以待我，坐费日月，众心离沮，则大事去矣。且关中蜂起之将，未有所属，不可不早招怀也。屈突通自守虏耳，不足为虑。”兵贵神速。我们如果尽快打到大兴，那边就会来不及谋划，也来不及决断，在乱成一团的状态下，我们拿下它才容易。如果我们现在耽搁在河东郡，大兴城那边就会加强防守，再打就不容易了。而且，关中地区造反的英雄也不少，但都还不成气候，如果我们尽快招抚，以后就是我们的好帮手，如果我们不去，怕是容易被别人利用啊！依我看，屈突通不过是个胆小鬼罢了，就算是我们绕过他去打大兴，他也不敢出来！

这两派意见谁的对？其实各有各的道理。那么，作为主帅的李渊怎么裁夺呢？李渊做了一个最妥当的裁决。他留下大儿子李建成，让他率领左路军，绕过河东郡，在河东郡西边的潼关驻扎下来，守着屈突通，不让他越过潼关救援大兴；同时，让二儿子李世民率领右路军全速前进，直取大兴！

三、儿女英雄

就这样，李世民率领右路大军，昼夜兼行，直奔大兴而去。当时，谁也料想不到，他这一路打得异常顺利。因为他的姐姐，也就是后来的平阳公主早就在大兴周边替他做好铺垫了。

李渊起兵之前，不是先把两个儿子李建成、李元吉，以及一个女婿柴绍都叫到身边了吗？柴绍临走之前，对夫人李氏说："尊公举兵，今偕行则不可，留此则及祸，奈何？"你父亲起兵，我必须去帮助他。可是现在我们不能一起走，但要单独把你留在此地，我又怕你会遭遇不测，怎么办？

李氏一听，马上说：“**君弟速行，我一妇人，易以潜匿，当自为计。**”你只管赶快动身，我一个女人容易躲藏，可以自己想办法。

柴绍想了想，以大局为重，狠下心来，走了。他走了之后，李氏到底是怎么藏匿的？李氏才不会藏起来，她火速赶回鄠县的别墅，把家财全部拿出来，自己也开始招兵买马了！

在李氏招纳的这些兵将里，有一个名叫何潘仁的人最富传奇色彩。他本来是个西域胡商，也就是粟特人。眼看天下大乱，生意难做，他索性改行当起了盗贼，手下有好几万人。李氏看上了何潘仁这支势力，派自己的家奴马三宝去游说他，希望他跟着自己干。

何潘仁是个商人，头脑灵活。他知道，自己虽然有本事，但是恐怕很难成大事，而这李氏夫人，不仅自己英雄了得，还是唐国公李渊的女儿，跟着她，绝对更有前途。因此二话没说，改旗易帜，进入李夫人的麾下。

李氏旗开得胜，有了经验，也有了信心，接连派马三宝出使，逐渐把大兴周边那些盗贼就都集中到了自己手下，甚至连李密的伯父李仲文，这时候也被李氏招到了麾下。

手下有了这么多人，李氏开始攻城略地：诸如周至、武功、始平等大兴城周边的县城纷纷改姓了李，手下部队也迅速扩充到了七万，比李世民的兵还多。就这样，李夫人留在大兴，不仅自己毫发无伤，还给李渊进军关中扫清了障碍。这是多大的功劳！

等到李渊最终摆平了屈突通的势力，渡过黄河，李氏也派使者来迎接他。李渊一听说自己的女儿如此了得，占了那么多地盘，招了那么多人马，内心激动不已，谁说女子不如男！李世民不是作为先头部队先进入关中地区吗？李氏率领一万精兵和李世民在渭河北岸胜利会师，真可谓双峰并峙，儿女英雄！

有道是“**治平尚德行，有事赏功能**”，动乱年代，事功就是真理。李渊此刻一门心思谋发展，也就不管什么男女有别，男主外、女主内一类的教条了，重赏了女儿，让她和她的丈夫柴绍一样，开设幕府，自己任免官吏，她手下的军队，也号称“娘子军”，和其他军队并列。真是英姿飒爽，豪气干云！

四、关中易主

就这样，在几个得力儿女的配合下，到十月，李渊已经来到了大兴城的东门外，手下的兵力也从开始起兵时的三万发展到二十万。十月十四日，李渊把大兴城围了个铁桶一般。这时候，大兴城里面的代王杨侑正急得如热锅上的蚂蚁一般。为什么？就在这生死搏斗的关键时刻，杨侑身边最重要的辅佐大臣卫文升居然生病了！

隋炀帝下江都之前，安排了代王杨侑留守大兴城。而杨侑年仅十三岁，不能独当一面，于是隋炀帝就安排刑部尚书卫文升来辅佐他。这个卫文升能力不错，隋炀帝一伐高句丽的时候，被打得大败，各路大军多数都是十不存一，只有卫文升带的队伍全身而退，这让隋炀帝很是赏识。但他也有致命的缺点，他太老了，一身是病。此刻听说李渊围城，卫文升吓得一病不起，根本管不了任何事，而且很快一命呜呼。

这样一来，大兴城就等于群龙无首了，只能靠次一等的官员左翊卫将军阴世师、京兆郡丞骨仪两个人主持防守。所谓兵熊熊一个，将熊熊一窝，指挥不力，战斗力自然就差远了。

守城的人差，围城的人可是越战越勇。围了将近半个月后，十月二十七日，李渊下令，向大兴城发起总攻。阴世师和骨仪两个人誓死抵抗，为了彰显抵抗的决心，甚至把李渊的祖坟都给挖了。但是，终究是弱不敌强，寡不敌众，十一月九日，李渊手下的军头雷永吉第一个跳上城楼，隋朝的首都大兴城被李渊正式攻破。这个时候，距离李渊誓师起兵，还不到半年。真可谓势如破竹。

李渊能够这么快取得成功，除了大兴城防守不力之外，还有两个原因至关重要。

第一，李渊这边的方略好，真正贯彻了兵贵神速的原则，让大兴城来不及做好防守准备，也让其他地方的隋军来不及增援。

第二，李密替他抵挡了隋军的主力。当时，隋军大部分有生力量都被李密牢牢吸引在了东都洛阳旁边，无暇西顾，这样一来，李渊才能够乘虚而入，一举让关中易主。所以，说李渊是吉人天相，也并没有错。

李渊进占大兴城，代王杨侑成了李渊的俘虏。怎么处置这个俘虏呢？李渊会不会把他杀了，自己当皇帝？才不会。大业十三年（617）十一月十五日，李渊准备了法驾（专门给皇帝用的仪仗）迎接杨侑，让他在天兴殿即皇帝位，改元义宁，同时遥尊远在江都的隋炀帝为太上皇。完全兑现了自己起兵时的诺言。

安顿好小皇帝，再解决自己的身份。李渊让小皇帝杨侑把自己任命为假黄钺、使持节都督内外诸军事、尚书令、大丞相，进封唐王。一句话，除了皇帝的名分不在，剩下所有的军政权力，全归了李渊。

可能有心急的人会想，既然都已经打下大兴城，掌握了全部权力，李渊为什么还要这么遮遮掩掩，不直接称帝？其实，此刻不仅是李渊不称帝，在洛阳叱咤风云的李密也没有称帝。

这一东一西两大英雄为什么都不称帝？道理有两个。

第一，出头的椽子先烂。这时候，不管是像李密那样的起义军还是像李渊这样的造反派，称公称侯的都不少，但这些称呼都还没有彻底颠覆隋朝统治的意思，所以从隋朝的角度讲更容易接受，从其他山头的角度讲也更容易接受。如果谁要称帝，他的性质马上就变了。不仅隋朝会围剿，在造反者这边也会成为众矢之的！

第二，中国古代人还有很浓厚的忠君观念。此刻，隋炀帝毕竟还在，隋朝也没有正式灭亡。在这种情况下公然称帝，那就是乱臣贼子，有违当时的道德观念。所以，无论是打下了西京的李渊，还是正在攻打东都的李密，都在悄悄观望。

就在这个时候，江都忽然传来了一个惊人的消息，一下子改变了整个胶着状态。

第十二章 禁军谋叛

自从大业十二年（616），隋炀帝第三次下江都之后，天下局势越来越糟：窦建德占据河北大部；李渊攻占首都大兴城；李密围攻东都洛阳；杜伏威占领高邮，直逼江都；甚至后来，就连一直忠心耿耿保护隋炀帝的禁卫军也纷纷叛逃。隋炀帝在江都宫究竟发生了什么事？面对如此严峻的形势，隋炀帝是如何应对的？本应该忠心耿耿的禁卫军为什么会造反？

一、醉生梦死

随着隋炀帝抛弃中原，三下江都，大隋王朝土崩瓦解的局面进一步恶化。不仅农民起义风起云涌，统治集团内部也纷纷举起了造反的大旗。其中，起义军的代表人物是李密，当时已经包围了东都洛阳，正在和隋朝的官军主力艰苦鏖战；而统治集团内部造反的代表人物则是李渊，当时已经占领了隋朝的首都大兴城。那么，当他们逐鹿中原的时候，隋炀帝又在干什么呢？

隋炀帝在醉生梦死。何谓醉生梦死？

第一个表现是纵情声色。到了江都之后，隋炀帝性情大变，一天比一天流连于所谓醇酒、美人了。此前提到，隋炀帝是个有远大理想的人，把帝王大业看得至高无上，整天忙得不可开交，因此，在私生活方面相当节制。他无论到哪里巡游，都把萧皇后带在身边，他的三个儿子，两个是萧皇后所生，好不容易姐姐乐平公主替他选了一个美女柳氏，他都没有心思见一见，以至于最后被自己的儿子齐王夺走，这还不是私生活检点吗？

但是，到了江都之后，隋炀帝一下子就变了。按照《资治通鉴》中的记载，他“荒淫益甚，宫中为百余房，各盛供张，实以美人，日令一房为主人。江都郡丞赵元楷掌供酒馔，帝与萧后及幸姬历就宴饮，酒卮不离口，从姬千余人亦常醉”。隋炀帝在江都宫修了一百多套豪宅，每套豪宅里都安插进一个美人，每天让一个美人当主人，招待隋炀帝、萧皇后以及他宠爱的姬妾喝酒。为了保证酒菜的供应，隋炀帝还让江都郡的郡丞赵元楷专门负责特供。醇酒、美人都齐了，隋炀帝每天酒不离口，口不离酒，喝得酩酊大醉。不仅他喝醉，跟着他下扬州的一千多个姬妾也是天天烂醉如泥。

描写隋炀帝的那些笔记小说不是说隋炀帝荒淫吗？给他编了不少故事，说他整天就知道醇酒、美人，那些故事，放在隋炀帝执政的大部分时间里都是瞎说，但是，如果放在隋炀帝第三次下江都之后，就趋近于事实了。

第二个表现是意志消沉。隋炀帝为什么在私生活上一下子荒唐起来了？因为到这个时候，他对国家的局势已经绝望了，再也不想建立什么大业了，所以，就开始用醇酒、美人麻痹自己。但是，麻痹终归是麻痹，它并不能带来真正的快乐。

隋炀帝此刻真正的心境是什么？是消沉。《资治通鉴》中有一段记载，说他“退朝则幅巾短衣，策杖步游，遍历台馆，非夜不止，汲汲顾景，唯恐不足”。一退朝就用一方幅巾把头发扎起来，穿上家常衣服，拄着手杖，在宫里到处游走，一直走到天黑透了才回去，好像要把所有的亭台楼阁乃至湖光山色都记在脑子里。

很明显，这是知道自己来日无多，舍不得这大好景致啊！

流连风景之外，隋炀帝还经常给自己算卦。他算卦的方式是观星。仰望着头顶深邃的星空，隋炀帝仿佛看到了自己莫测的未来。看够了星星后，他操着一口吴侬软语，对萧皇后讲："外间大有人图侬，然侬不失为长城公，卿不失为沈后，且共乐饮耳！"外面有好多人在算计我，但是，让他们算计好了，大不了我当长城公，你当沈后！这样的结局也没那么可怕，我们照样及时行乐！说完之后，接着喝酒，一直喝到烂醉。

长城公和沈后是谁？所谓长城公，就是陈朝的亡国之君陈叔宝，后来入隋之后封为长城公。而沈后则是陈叔宝的皇后。当年青年杨广平定江南，一举俘虏陈后主，那是何等意气风发，现在他倒自比为当年亲手打败的对手了，这又是何等的意志消沉！

还有一则故事更说明问题。有一天，隋炀帝忽然拿起一面镜子，照来照去，顾影自怜。照够了，他回头对萧皇后说："好头颈，谁当斫之？"我这么好的脑袋，不知道谁会把它砍下来呀？

萧皇后一听大惊失色，赶紧说："陛下何出此言？"

那隋炀帝怎么回答？他苦笑着说："贵贱苦乐，更迭为之，亦复何伤！"人世间的贵贱苦乐都是轮着来的，就算失去了，又有什么值得难过的呢？

从这些记载可以很清楚地看出来，隋炀帝到了江都以后，已经非常明白自己的处境了，在这种情况下，他不是力图去改变处境，扭转局面，而是意志消沉，纵情声色，打算破罐子破摔。这不是醉生梦死吗？

那么，隋炀帝是否就在江都等死了？也不尽然。虽然他也担心有人要砍他的头，但他当时的主要想法并不是等死，而是割据。要知道，隋朝建立之前，中国南北分离，划江而治已经有三百多年了，而隋朝统一不过才二十多年。所以，在人们心目中，割据的印象还相当深刻，一旦统一的大帝国难以为继，划江而治就是一个自然而然的选择。

其实，当年杨广坐镇扬州，谋取太子之位的时候，就曾经考虑过，万一不成，还可以割据江东。现在，兜兜转转一大圈后，他又回到扬州，也再一次考虑起割据的事了。《隋书·五行志》中的记载，隋炀帝这时候做了一个梦，梦里头，有两个小孩子在唱歌。唱的是“住亦死，去亦死，未若乘船渡江水”，去也是死，离也是死，不如坐船渡过长江。这就叫日有所思，夜有所梦。隋炀帝觉得，北方是回不去了，扬州在长江北岸，还是不够安全，要想安全，就得利用长江天险，划江而治。

渡过长江，到底往哪里走？这时候，有个地方自然地就浮现在了隋炀帝的脑海之中。这个地方就是丹阳，也就是今天江苏省的省会——南京，在隋朝以前，这个地方叫建康。说起南京，有一个固定的说法是“六朝金粉”。所谓六朝，是指孙吴、东晋、宋、齐、梁、陈。这六个王朝都定都于此，是个有定都传统的城市。正因为如此，当年，隋文帝平陈之后，曾经把建康夷为平地，表明自己铲除割据，天下一统的坚定决心。

但是现在，隋炀帝丧失了君临天下的能力，也丧失了君临天下的斗志，他又想起了这块六朝金粉之地，打算在这里重新建都，割据江东。当年结束割据的杨广，现在自己反过来谋划割据，这是个多大的讽刺啊！

隋炀帝想要迁都割据，但迁都是国家大事，不能说迁就迁，当然得和大臣商议。这一商议，马上，两派不同意见就针锋相对起来。

第一派是赞同派，代表人物是内史侍郎，“五贵”之一的虞世基。虞世基就是江南人，定都江南对他有利，所以当然支持。

第二派是反对派，代表人物是右候卫大将军李才。此人是个武将，出身关陇贵族集团，当然不愿意隋炀帝定都江南，所以，“**极陈不可，请车驾还长安**”。极力说明迁都不可取，请隋炀帝赶紧回大兴。

两个人意见针锋相对，干脆就在朝堂里面争执起来，甚至从里面一直吵到外面。面对这样的局面，隋炀帝作何反应？他一改往日雷厉风行的作风，一言不发。皇帝不开口，朝堂上的气氛可就诡异起来了，每个人都在观望，也在心里激烈地斗争。

沉默了一会儿，终于，有一个小人物说话了。此人是门下录事——衡水人李桐客。他说：“**江东卑湿，土地险狭，内奉**

万乘，外给三军，民不堪命，恐亦将散乱耳。”江东气候不好，土地也少，经济能力不强。让这个地方支撑起一个中央政府和军队，是很难办到的，一定会加重老百姓的负担，到时候，老百姓就会造反，所以，别以为江南就安全。

这不还是反对吗？这样一来，正反两面的平衡就被打破了，形成了二比一的局面。隋炀帝怎么处理呢？要知道，迁都本来就是隋炀帝的意见，他自然不可能喜欢反对派。不过，不喜欢归不喜欢，李才毕竟是三品大员，手握兵权，现在隋炀帝虎落平阳，难免要忌惮一些，不好轻易发作，所以，李才提意见的时候，隋炀帝不说话。但等到小人物李桐客一开口，隋炀帝可就没必要客气了，他立刻变了脸色。

朝廷里永远不缺见风使舵的人。一见皇帝不悦，马上就有御史顺着隋炀帝的意思弹劾李桐客了，说他谤毁朝政。李桐客也随即被拖下朝堂，丢进了监狱。

有了李桐客的先例，文武百官也就彻底明白了，这哪儿是让我们来讨论，这就是让我们来鼓掌通过的。于是，百官公卿纷纷表态，说：“江东之民望幸已久，陛下过江，抚而临之，此大禹之事也。”江南百姓渴望陛下临幸已经很久了，陛下过江抚慰百姓，这简直就是追踪大禹南巡的事迹啊！

既然百官都认可了，隋炀帝立刻下令，修建丹阳宫，准备迁都！

按照隋炀帝的想法，在江南再修一座都城，就等于给自己再加一个安全阀，但是，他万万没想到，这个决策一出来，一场大祸马上就要降临了。

二、骁果思归

这场大祸来自禁军。随着迁都的决议一下发，跟着隋炀帝从大兴城南来的那些禁军不干了。此前提到，为了打高句丽，隋炀帝在原有的府兵之外又招募了一批士兵，号称“骁果”。这些人骁勇善战，很快就成了隋朝的军事主力。隋炀帝下江都，也把这批骁果带过来了，作为禁卫军，保卫自己的安全。问题是，骁果大多是关中人，来到江都没多久，就开始思念家乡了，很多人干脆开了小差，往回跑。

怎么遏制这一风潮呢？“五贵”之一的裴矩给隋炀帝出了一个主意。他说：“人情非有匹偶，难以久处，请听军士于此纳室。”这些年轻小伙子要是没成个家，就很难在南边待下去，不如让他们在这里结婚，一结婚，人就会安定下来了。

隋炀帝一听大为赞赏，马上下令，把江都待字闺中的少女和寡妇都集中到江都宫，让将士随意挑选，保证军婚。若是将士中有哪位在江都已经有了心上人，这时候只要出来承认，隋炀帝也一律玉成，绝不会说你违反纪律。就这样，很多骁果都在江都建立了小家庭，暂时安定了下来。

但是，这安定只是暂时的，在他们的内心深处，回家始终是不变的期待。现在，一听说隋炀帝要迁都丹阳，骁果又骚动起来了。虽然我们在这里娶妻，但是，我们的父母兄弟还在关中，祖坟也在关中，我们可不想客死他乡啊！

这样一来，随着隋炀帝下令修建丹阳宫，骁果们又开始纷纷叛逃。禁军叛逃，这可是直接威胁皇帝安全的大事，怎么办呢？隋炀帝的办法是来硬的，只要抓回来，一律斩首，哪个营的骁果跑了，长官还要负连带责任。他想要通过这种手段来震慑骁果。然而，这个手段太糟糕了，普通骁果并没有真的被吓住，倒是将领开始人人自危，也想逃跑了。

在逃跑的将士中，有个领头人叫司马德戡。此人也出身关陇集团，曾经和杨素一起打过汉王杨谅，跟隋炀帝一起打过高句丽，心思灵敏，战功卓著，深受隋炀帝宠幸。到江都之后，隋炀帝任命他担任虎贲郎将，统领一万多骁果，在江都的东城驻扎。现在，眼看隋炀帝不打算回去，骁果又纷纷逃亡，司马德戡也开始动了脑筋。隋朝眼看大厦将倾，我要不要陪他殉葬呢？就算我一直忠诚，万一手下人跑路，我会不会受到牵连？想来想去，司马德戡决定，干脆跑路算了。

司马德戡觉得，众人拾柴火焰高，只是自己一个人跑，比较危险，如果跑的人多，反倒安全了。怎样才能劝说更多的人跟他一块儿跑？司马德戡先找了自己的两个好朋友，也是两员武将，一个叫元礼，另一个叫裴虔通，跟他们做思想工作："今闻陛下欲筑宫丹阳，势不还矣。所部骁果莫不思归，人人耦语，并谋逃去。我欲言之，陛下性忌，恶闻兵走，即恐先事见诛。今知而不言，其后事发，又当族灭我矣。进退为戮，将如之何？"陛下现在想在丹阳建都，我手下的那些骁果都在议论纷纷，想要回家。我倒是很想跟皇帝陛下打个预防针，但是陛下这个人爱猜忌，又讨厌听坏消息，我若是现在告诉他有好多人要跑，没准儿他一生气先把我杀了。可是，如果我不告诉他这件事，万一我手底下的人跑了，他还是会杀我。所以我是进被杀，退也被杀，你们说我该怎么办？

听他这么一说，元礼和裴虔通也深有感触，都说：是啊，我们也都替你担心。听两位朋友这么说，司马德戡不由得冷笑道：你们替我担心？照我看来，你们还不如替自己担心呢。元礼和裴虔通吃了一惊，赶紧问：我们又没领那么多兵，我们担心什么？

司马德戡说："我闻关中陷没，李孝常以华阴叛，陛下收其二弟，将尽杀之。吾等家属在西，安得无此虑也！”我听说李渊已经占领了关中，好多留在关中的官员都投降了他。比如华阴县令李孝常，就投降了李渊。他投降了倒不要紧，他弟弟却还跟着陛下在江都。现在陛下听说李孝常背叛，一气之下，把他的两个弟弟都给杀了，这多冤枉啊。你们二位想想，万一你们的哪位亲戚也干出像李孝常那样的事来，你们不也就跟着倒霉了吗？

听他这么一说，裴虔通不由得变了脸色，说：“我子弟已壮，诚不自保，正恐旦暮及诛，计无所出。”我们裴家是一大家子人，我的儿子也罢，弟弟也罢，都是成年人了，散落在各地做官，我真怕他们做出背叛陛下的事情，最后牵连到我。我为此也是整夜睡不着觉，可就是想不出办法来。

司马德戡觉得自己的动员已经有了成效，这才说：“同相忧，当共为计取。骁果若走，可与俱去。”我们现在都是朝不保夕，何不一同想想办法？依我之见，在这里是极不安全的，如果骁果逃亡，我们就跟他们一起逃吧！

既然彼此同病相怜，裴虔通和元礼也随即决定：“诚如公言，求生之计，无以易此。”您说得有道理，为了活命，也只好这样了。

就这样，司马德戡、元礼和裴虔通组成了逃亡领导小组，各自发展下线，联系更多的人逃亡。因为司马德戡担心的那两个问题已经成为公共问题，所以很多官员，包括内史舍人元敏、虎牙郎将赵行枢、鹰扬郎将孟秉等都感同身受，纷纷加入这个密谋逃亡的队伍。

有道是人多力量大，参与密谋逃亡的人多了，大家的恐惧心也就小了，这些人居然“日夜相结约，于广座明论叛计，无所畏避”。他们就在大庭广众之下公然讨论叛逃的事情，一点也不顾忌。

俗话说隔墙有耳，司马德戡等人这么大肆谈论，很快，这些话就被一个宫女听到了。这宫女是个负责任的人，赶紧向萧皇后汇报说：“外间人人欲反。”外边那些骁果都在议论着要造反呢！

萧皇后是个性格深沉的人，她想了想，对宫女说：“任汝奏之”，于是这个宫女就向隋炀帝汇报了。

按道理讲，这个情报太重要了，隋炀帝应该暗暗调查真相，重重奖赏举报人吧？才不会。隋炀帝听罢勃然大怒，说这个宫女不守本分，多管闲事，竟然把这个宫女给杀了。这不是讳疾忌医，掩耳盗铃吗？一个皇帝，消沉到如此地步，又懦弱到如此地步，还残暴到如此地步，真是无药可救了。隋炀帝这边自欺欺人，司马德戡那边也就更加肆无忌惮，过了几天，他们的计划又被另一个宫女听到了。这个宫女还是按照规矩，先跟萧皇后汇报，说听见骁果士兵密谋逃跑。

这回萧皇后怎么回应她的呢？有了上次的教训，她还能怎么回应！听完之后，萧皇后长叹一口气说：“天下事一朝至此，无可救者，何用言之！徒令帝忧耳！”天下时局已经是这个样子了，救不了了，还说什么呢？说了也只是让陛下担心而已，干脆别说了！这话说得多么无奈，多么沉痛！

史载萧皇后知书达理，明辨是非，从十四岁嫁给隋炀帝开始，一直追随在隋炀帝身边，跟隋炀帝也算恩爱有加。这样的才华，这样的感情，本来，她也有机会成为像婆婆独孤皇后那样的皇后，无论是对丈夫，还是对政治，都会产生巨大的影响力。然而遗憾的是，萧皇后是萧梁王朝的后裔。作为江南佳丽，她本性柔弱；作为亡国遗民，她又未免多了一份恭顺小心。再加上她的丈夫隋炀帝又是一个权力意志强烈、刚愎自用的人，所以，萧皇后虽然也不乏政治头脑，但始终无从伸展，只能默默看着，也跟着隋炀帝一起走向深渊，这是她的人生悲剧，与此同时，也是隋朝的政治悲剧。

就这样，隋炀帝众叛亲离，连亲人也不再提醒他迫在眉睫的危险，眼看一场大规模的禁军逃亡是在所难免了。事实上，司马德戡已经定好了日期，就在大业十四年（618）的三月望日，也就是三月十五日逃亡。但是，这个时候又出现了一些新的变故，一下子让这场逃亡运动的性质发生了变化。

三、逃亡变造反

就在司马德戡等人拼命发展下线，极力扩充自己势力的过程中，一个野心家出现了。他就是将作少监宇文智及，也就是隋炀帝最信任的宰相，“五贵”之首宇文述的二儿子。

当年，隋炀帝宠爱宇文述，把自己的女儿南阳公主嫁给宇文述的儿子，两个人成了儿女亲家。那个尚公主的乘龙快婿，是宇文述的三儿子宇文士及。

除了这个三儿子之外，宇文述还有两个儿子，老大叫宇文化及，老二叫宇文智及，哥儿俩都不是什么好人，整天就知道斗鸡走狗，调戏妇女，所以人送外号“轻薄公子”。光是轻薄浮华也罢了，兄弟俩还特别贪婪，为了赚钱，公然违反隋炀帝的禁令，私自和突厥人做生意，搞得隋炀帝非常恼火，把他们关了好几个月禁闭，想要斩首示众，后来还是南阳公主求情才刀下留人。

不过，虽然没有杀死这两个为非作歹的家伙，隋炀帝还是惩罚了他们，把他们从宇文述的儿子贬为家奴，将近十年都没有让他们出来当官。

后来，宇文述临死之前，奏上一表，请求隋炀帝可怜自己这两个不肖子，给他们一个重新做人的机会。隋炀帝念及老臣的情分，这才重新启用这哥儿俩，让哥哥宇文化及当了右屯卫将军，掌管禁军；弟弟宇文智及则当了将作少监。

不过，别看宇文智及为人很差，脑子却非常灵活。他听说了司马德戡等人的叛逃计划之后，马上摇头说：“主上虽无道，威令尚行，卿等亡去，正如窦贤取死耳。”皇帝虽然不怎么样，但毕竟还是皇帝。是皇帝就有皇帝的权威。你们现在要逃跑，肯定只能动员一部分人跟你们跑，而其他人还是会听皇帝的命令，去追杀你们。你们如果被追回来，也会像另一个逃跑的大臣窦贤一样，难免一死。所以，这个办法不妥当。

那怎样才妥当？宇文智及出主意说：“今天实丧隋，英雄并起，同心叛者已数万人，因行大事，此帝王之业也。”如今老天都要灭掉隋朝，所以天下英雄并起，这正是逐鹿中原的好时候啊。你们既然已经发动了几万人，那还逃跑干什么？还不如直接造反，把皇帝干掉，咱们自己当皇帝，这才是帝王大业！

司马德戡等人一听，真如醍醐灌顶，反正都是冒险，何不干脆扯起大旗造反，还逃跑干什么！到底是宰相的儿子，眼界就是不一样。大家赶紧表示，听宇文智及的。

这样一来，整个事情的性质可就变了。原来只是要逃跑，这还是消极自保，现在要造反，那就是要夺取政权了。性质变了，领袖也就得变一变了。逃跑的时候固然也需要领袖，但跑完了之后大家各奔东西，所以这个领袖的意义不太大。造反就不一样了，造反的领袖，没准儿就是未来的皇帝，这可就值得好好考虑一下了。

这个造反的领袖会不会还是当初挑头的司马德戡呢？那不可能，他威望不够。司马德戡虽然也是关陇集团出身，但因为父亲早死，早年还曾经给人杀猪卖肉，养家糊口，这在当时人心目中可不算什么光彩的历史。就算不提早年经历，看现任官职，也不过是虎贲郎将，五品官，以这样卑微的身份，怎么可能服众！

谁能服众呢？以当时的情形看，毫无疑问，宇文家的人才能服众。宇文家族是关陇贵族集团成员，宇文述是隋炀帝后期最受宠信的宰相，宇文士及还是隋炀帝的女婿，这样的三重身份，在当时无人能及。

如此说来，这领袖是不是就应该选出主意的宇文智及了呢？那也不行。因为宇文智及还有一个哥哥，叫宇文化及，此人因为是嫡长子，所以承袭了宇文述的爵位——许国公，算是宇文述的继承人。而且，当时担任右屯卫将军，这是三品官，还是禁军统帅，在军队中更有号召力。无论从哪个角度讲，都比宇文智及更合适一些。

考虑到这些因素，司马德戡等人又把宇文化及找了来，推举他当领袖。那么，宇文化及对此是什么反应呢？按照《资治通鉴》中的记载："化及性驽怯，闻之，变色流汗，既而从之。"别看平时无恶不作，但事到临头，宇文化及比谁都胆怯，吓得两腿发抖，汗流浃背。不过，尽管汗流浃背，他只略微沉吟了一下，就还是接受了。无论如何，当皇帝的诱惑实在太大了，身为关陇贵族集团的成员，哪个不想当皇帝呢？

就这样，因为隋炀帝在天下大乱的情况下抛弃关中，打算割据江南，他的亲信卫队骁果产生了逃亡回家的打算；又因为隋炀帝意志消沉，实行鸵鸟政策，这些逃亡者肆无忌惮地发展势力；而在发展势力的过程中，他们原本比较简单的回家意愿就被出身关陇贵族的野心家宇文氏兄弟利用了。此刻，这些逃兵的新领袖宇文化及想要的，已经不是回家，而是要造反，当皇帝！既然如此，他会怎样对待现任皇帝隋炀帝？隋炀帝到底会面临怎样的结局？

第十三章 江都宫变

大业十四年（618），隋炀帝的禁卫军骁果发动兵变，夜袭江都宫。但根据记载，当时在江都宫城外有大将军来护儿，宫城内也有精锐的给使营守卫。在内外守备森严的情况下，骁果军怎么能突破重重防线，顺利进入江都宫？面对死亡，隋炀帝会是怎样的反应？不可一世的隋炀帝，为什么最后会死于一个无名小卒之手？

一、江都宫变

政变需要什么？除了领袖、武装这一类基本准备之外，政变还需要一个触发点，或者说，一个导火索。现在，宇文智及和司马德戡要鼓动骁果政变，导火索是什么？他们编造了一个谣言，在骁果之中煽风点火。谣言说：“陛下闻骁果欲叛，多醞毒酒，欲因享会，尽鸩杀之，独与南人留此。”陛下已经知道你们这些骁果要叛逃了，他准备了许多毒酒，想要趁宴会之机，把你们都毒死。毒死你们这些关中籍贯的骁果之后，他自己再和南方人留在江南过好日子。

这个谣言一出来，骁果可真被激怒了：我们只不过想回家而已，并没有把你怎么样，你居然就要毒死我们！既然你对我们不仁，休怪我们对你不义！

眼看着骁果人人惊恐，个个愤怒，司马德戡觉得时机差不多了。大业十四年（618）三月十日，他就把骁果中的大小头目都召集起来，跟他们说了政变的打算。这些小头目只回了一句话：“唯将军命！”我们都听您的了！

就这样，政变的动员顺利完成，当天下午，政变正式开始了。

三月十日这一天，正好是个阴雨雾霾的天气，下午四五点钟，天就已经黑了。趁着天黑，司马德戡把御马厩里的御马都牵了出来，又把兵器磨得闪闪发光，这是所谓厉兵秣马。紧接着，每个将领的职责也分配清楚了。其中，宇文智及在宫城外策应，宫城里的工作则由司马德戡负责。

司马德戡的两个哥儿们元礼和裴虔通本来就负责殿内宿卫，现在，他们继续负责大内里的工作，盯着隋炀帝。另一个叫唐奉义的将领本来负责关闭城门，这时候，司马德戡对他说，当天晚上城门只要虚掩，不上门闩，确保城里城外往来畅通。司马德戡本人则负责把几万造反的骁果都集中到他管辖的东城，作为战斗主力。这一切安排好以后，到了三更，司马德戡点燃火把，跟城外的宇文智及通风报信。

这一打火把，隋炀帝可就看到了，再说，毕竟是几万士兵集结，总会有动静，所以，隋炀帝也觉得有点儿反常，就问殿下宿卫的裴虔通怎么回事。

裴虔通气定神闲地回复道：没什么大事，草坊失火了，正救火呢。

裴虔通是从隋炀帝当晋王的时候就一直跟随身边的老臣，隋炀帝对他一向信任有加，现在听他这么说，也就信以为真，不理论了。

隋炀帝不理论了，可是，就在这最危急的关头，有两个人看出问题来了。

第一个发现问题的是燕王杨倓。杨倓是隋炀帝的长子元德太子杨昭的儿子，当时只有十六岁，聪明俊秀，是隋炀帝最喜欢的孙子。杨倓当时住在宫外，听见士兵吵吵嚷嚷，他马上明白，这是出大事了，禁军们怕是要造反！怎么办？赶紧给隋炀帝通风报信吧。

别看杨倓只有十六岁，但是他知道，这时候不能走任何正规渠道了，只能偷偷地溜进去。于是，杨倓趁着夜色偷偷从宫城北边的芳林门旁边的排水口爬了进去，打算从这儿经过玄武门，再到隋炀帝的寝宫。

杨倓有防备，造反的骁果更有防备。杨倓刚到玄武门，就被守门的士兵拦住了，问他半夜进宫干什么。杨倓回复说："臣猝中风，命悬俄顷，请得面辞。"我突然中风了，就要死了，请让我当面向皇上告别。

这谎话编得也太离谱了，谁会相信！不仅不让他进，裴虔通干脆把杨倓抓了起来。这样一来，杨倓想要挽救危局的努力也就落空了。

第二个发现问题的是"五贵"之一的宰相裴蕴。宇文智及在宫城外集结兵力的事情，被江阳县的县令知道了。这个县令忠实于隋炀帝，赶紧把情况汇报给了宰相裴蕴。裴蕴一听也很着急，情急之下，就想假传圣旨，把宫城外所有军队都交给大将来护儿调遣，然后再把替隋炀帝划龙舟的那些殿脚（船夫）

都集中起来，交给燕王杨倓调遣，靠这两支力量先逮捕宇文化及兄弟，然后再打进皇宫，救援隋炀帝。

这个主意听起来相当不错，如果顺利实施，未必不能力挽狂澜。然而，它并没有实施。因为裴蕴犹豫了一下，他觉得，这件事自己一个人做不来，还得找另一个宰相虞世基。

为什么要找虞世基？自从宇文述死后，虞世基就成了隋炀帝面前最能说得上话的人了，算是首席宰相，位置比裴蕴靠前。更重要的是，虞世基当时担任内史侍郎，所有的制诏，都是由隋炀帝口述，他来起草的。现在裴蕴想要假传圣旨，也得由他来起草和发布。既然如此，那就先找虞世基去。

听了裴蕴的想法，虞世基会做出怎样的判断呢？那就得看虞世基是什么人了。我们此前探讨朝廷“五贵”的时候曾经提到过，虞世基是个标准的秘书人才，非常柔顺、听话，让他照着隋炀帝的意思说话办事，他很擅长，但是，让他在危急关头自己做出决断，他可就不擅长了。现在，裴蕴请他假传圣旨，发布号令，他哪里有那么大的胆子！万一这个情报是假的呢？他怎能担得起那么大的责任！所以，干脆否决了裴蕴的意见。就这样，因为虞世基的不敢担当，这个拯救危局的机会也丧失了。

两个先知先觉者都无能为力，这样一来，隋炀帝也就真的成了孤家寡人，任凭叛军宰割了。

第二天，也就是三月十一日凌晨，叛军兵分两路，进入隋炀帝的后宫。

先看第一路。这一路由裴虔通率领，带几百个骑兵直扑隋炀帝的寝殿成象殿。当时，宿卫成象殿的是右屯卫将军独孤盛。独孤盛一看裴虔通气势汹汹地扑了过来，赶紧问：怎么回事？裴虔通说："事势已然，不预将军事；将军慎毋动！"我们是搞政变的，目前形势已经这样了，不关独孤将军您的事儿，您只需保持沉默，一边儿待着去。我们也不杀您。

独孤盛是忠臣，一听这话，来不及披上盔甲，挥起大刀就扑了过去，他手下只有十几个人，裴虔通身边可是有几百人，寡不敌众，没几分钟就被砍倒在地上，这样一来，裴虔通再往前推进，也就无人阻挡了。

再看第二路。第二路由司马德戡率领，直扑玄武门。玄武门在隋唐时期可是非常敏感的一道门户，那是宫城的北门，隋唐时期，皇帝居住的宫城在城市的北面，因此，从北门进去，就能直接进入皇帝的后宫。既然玄武门如此重要，一般来讲，皇帝也都会把最信任、最精锐的部队放在这里，保卫自己的安全，隋炀帝也是如此。

自从到了江都之后，隋炀帝就从官奴里挑选了几百个壮汉，号称给使，专门宿卫玄武门，算是最后一道防线。为了确保给使忠诚，隋炀帝给他们的待遇特别优厚，甚至把貌美如花的宫女赐给他们做妻子，所以，这些给使对隋炀帝忠心耿耿。既然如此，司马德戡率军突入玄武门，给使一定会拼死抵抗吧？根本没有。事实上，给使们居然集体失踪了。

这是怎么回事？原来，隋炀帝和给使之间有个联络人，是个司宫（宦官），姓魏。隋炀帝对给使有什么吩咐，都让魏司宫传达。可是，恰恰就是这个魏司宫，当时已经被司马德戡拉下水，成了内应。这一天，魏司宫假传圣旨，让给使们都外出休假，所以，关键时刻，给使们居然一个都不在。

就这样，隋炀帝精心打造的最后一道防线也没能发挥作用，司马德戡大摇大摆地进了玄武门。

二、隋炀帝殒命

两路大军都进了宫，外面吵嚷的声音越来越大，隋炀帝终于意识到，这不是失火，而是有人造反了！赶紧换了一套衣服，逃到了西阁。这时候，裴虔通和元礼已经进入寝宫了，可是，到处找不着人。

一看隋炀帝不在宫里，裴虔通他们提着刀就进了永巷。永巷是宫女的集中住宅区，在这里，裴虔通一把抓住一个小宫女，把刀架到她的脖子上，问：皇帝躲到哪儿去了？小宫女赶紧往西阁指了指。

马上，一个叫令狐行达的将领又提着刀直奔西阁。隋炀帝看见人来了，知道躲不过，就隔着窗户问令狐行达：“汝欲杀我邪？”

令狐行达回道：“臣不敢，但欲奉陛下西还耳。”我不敢杀您，我是想奉迎您一块儿回到关中老家去。说着，就冲进西阁，把隋炀帝从西阁里拉了出来。

这一下，隋炀帝可是直面叛军了。这一看不要紧，领头的将军居然是自己多年的亲信裴虔通，隋炀帝不由得问了一句：“卿非我故人乎！何恨而反？”你不是我的老朋友吗？你恨我什么？你为什么也造反？

裴虔通说：“臣不敢反，但将士思归，欲奉陛下还京师耳。”我不敢造反，只是骁果们都想回家，我们想奉迎陛下跟我们一块儿回家。

隋炀帝一听，赶紧顺水推舟，说：“朕方欲归，正为上江米船未至，今与汝归耳！”原来你们想回家啊！我也想回去，只是上游的运粮船还没有到，我想等一等这船，等咱们粮草充实了再回家。如今也不用等了，我这就跟你们走！

这番话能不能救得了隋炀帝？救不了，太晚了！

既然抓住了隋炀帝，那就该迎接这些叛军自己选定的领袖宇文化及了。宇文化及其实是个最窝囊不过的人，只是凭借宇文述长子的身份，才被捧到这个位置上来，在政变中也没干什么具体的事，就躲在家里。现在，来人禀报，说隋炀帝已经被抓住了，请他出面主持工作，宇文化及一时还反应不过来，哆里哆嗦，一句完整的话都说不出来，只是在众人的簇拥之下，机械地跨上马，往宫城里走。这一路上不断地有人在马前拜见，宇文化及就趴在马鞍上，低着头，连说“罪过”，完全不像个领袖的样子。

好不容易到了宫城门口，司马德戡已经在那里迎接他了，把他领到朝堂，称他为丞相，让他在这里等着见隋炀帝。这边，司马德戡刚刚安顿好宇文化及；那边，裴虔通就对隋炀帝发话了：“百官悉在朝堂，陛下须亲出慰劳。”百官现在都在朝堂里等着了，陛下，您需要到朝堂走一遭。紧接着就牵过来一匹马，逼隋炀帝上马。

到这个时候，隋炀帝反倒镇定下来了，看了一眼马鞍，说：这么破的鞍子，没法用，换一个好的来！裴虔通没办法，只好又找了一副新的马鞍换上。隋炀帝这才不疾不徐，挺身上马。裴虔通一只手牵着缰绳，一只手提着刀，出了宫门。叛军一看昔日耀武扬威的隋炀帝今天居然任人摆布，马上欢声雷动。

眼看就要到朝堂，宇文化及又胆怯了，不敢直面隋炀帝，只是传出话来说：“何用持此物出，亟还与手。”别让这家伙出来，赶快弄回去，杀了算了！

裴虔通遵令，又把隋炀帝给拉回了寝殿。随即和司马德戡一起，拔出刀来，虎视眈眈地盯着隋炀帝。

事已至此，隋炀帝也知道死到临头了，他叹了一口气，说：“我何罪至此？”我有什么罪，你们非要杀我？

怎么回答呢？有一个叫马文举的叛军喊道：“陛下违弃宗庙，巡游不息，外勤征讨，内极奢淫，使丁壮尽于矢刃，女弱填于沟壑，四民丧业，盗贼蜂起；专任佞谀，饰非拒谏；何谓无罪！”陛下难道以为自己没罪吗？陛下抛弃宗庙，四处巡游，对外征伐不已，对内穷奢极欲，让我们的青壮年男子都战死在沙场，让我们的老弱妇孺都饿死于沟壑，让士、农、工、商四民全部失去本业，让盗贼蜂起，天下大乱。你还任用奸佞，拒绝谏言，文过饰非。这些难道不是你的罪过吗？

这一番话说得义正词严，把隋炀帝的问题揭示得清清楚楚，相当有分量。隋炀帝怎么回答呢？他说：“我实负百姓；至于尔辈，荣禄兼极，何乃如是！今日之事，孰为首邪？”我确实辜负了百姓，但是，并没有辜负你们这些当官的。我给你们高官厚禄，你们为什么还要背叛我？告诉我，谁是你们的头儿？

这话说得太有意思了。这说明，隋炀帝真是至死不悟，他根本就没把老百姓放在眼里，觉得只要给官僚好处，官僚就会忠实于他，他的统治就能维持下去。他不知道，当官的也好，当皇帝也好，是不可能孤立地活在这个世界上的，如果天下人都怨恨你，官僚们就算为自己考虑，也只能抛弃你。

所以，一听他这么说，司马德戡马上回了一句：“溥天同怨，何止一人！”现在天下人都恨你，都想杀你，造反又何止是一人的事！所以你也不用追究谁是当头的了。确实，这时候，全天下都已经抛弃了隋炀帝了！

面对咆哮的将士，森森的刀戟，一直陪在隋炀帝身边的小儿子，年仅十二岁的赵王杨杲吓坏了，忽然号啕大哭起来，裴虔通一个不耐烦，一刀砍了下去，小杨杲立刻就死在了隋炀帝面前，血溅了隋炀帝一身。

既然已经开了杀戒，那么接下来要杀的就是隋炀帝本人了。隋炀帝毕竟是一代皇帝，事到临头，那种不可侵犯的尊严感又抬头了。他说：“天子死自有法，何得加以锋刃！取鸩酒来！”我们做天子的有做天子的死法，怎么能砍头？给我取鸩酒来！

这鸩酒是怎么回事？到江都后，隋炀帝也预感到前途不妙，所以也预先做了准备，早就用瓶子装好毒酒，交给宠幸的姬妾，跟她们说，一旦盗贼杀进来，就把这东西给我，让我自尽。现在，隋炀帝就是要找这帮美人，跟她们要毒酒。可是，那些平时围绕在他身边的美人早就跑得无影无踪，还上哪儿去找！

这时候，乱军已经等得不耐烦，令狐行达一把将隋炀帝按在坐榻之上，就要动粗。隋炀帝长叹一声，自己解下一条丝练，交给令狐行达，让令狐行达把他勒死了。

雄才大略，一心想要建立千秋大业的一代枭雄隋炀帝，就这样客死他乡，死于自己信赖的禁军之手，年仅五十岁。他的遗体，就由萧皇后和几个宫女拆下几块红漆床板，拼成一口小棺材，草草埋葬在江都宫西院的流珠堂。

覆巢之下，焉有完卵！隋炀帝一死，他的儿孙亲眷也就任人宰割了。除了小儿子赵王杨杲之外，隋炀帝的弟弟——一直软禁在身边的蜀王杨秀以及他的七个儿子，还有隋炀帝的二儿子——齐王杨暕以及他的两个儿子，还有隋炀帝的孙子燕王杨倓以及其他跟随隋炀帝在江都的宗室、外戚，一律被宇文化及斩草除根。只有隋炀帝的侄子秦王杨浩跟宇文智及私交不错，宇文化及也觉得还可以留着他当个幌子，号令天下，才暂且留他一条性命。

在这些人里，死得最冤枉的要数隋炀帝的二儿子齐王杨暕了。杨暕也是萧皇后所生，元德太子死后，一度很有希望被立为太子，可惜自己没有把握好，放肆胡为，不仅没当上太子，还深受隋炀帝的猜忌。

前面不是谈到叛军冲进寝殿，隋炀帝感觉不妙吗？他的第一个反应居然是问萧皇后："得非阿孩邪？"不会是阿孩要夺权吧？阿孩，就是杨暕的小名。死到临头，隋炀帝还以为是杨暕要夺取皇位，搞宫廷政变。

爸爸猜忌儿子，儿子也猜忌爸爸。杀了隋炀帝之后，宇文化及又派人到杨暕府上去杀他，杨暕睡得迷迷糊糊，也不知道来取他性命的是谁，还以为是爸爸隋炀帝派来的人呢，赶紧苦苦哀求说：“诏使且缓儿，儿不负国家！”诏使且缓缓再动手，孩儿并没有对不起国家！杀手哪里管这些，一言不发，一把将杨暕拖到街上，砍头了事。可怜杨暕至死都不知道到底是谁杀了他。一对父子，相互猜忌、防范到这个地步，这不也是人伦悲剧吗？

三、南北分途

杀完宗室，接着就该处理隋炀帝留下的那帮大臣了。杀谁留谁？这时候，南北派系的矛盾就凸显出来了。

在政变之前，司马德戡编造谎言说，陛下想要把北方骁果都毒死，和南方人留在南边。从这儿其实已经可以看出当时南方派系和北方派系之间的矛盾了。

事实上，自从隋炀帝上台后，一直致力于提高南方的政治地位，特别是到他统治后期，更是重视南方人。“五贵”之中，虞世基和裴蕴都是南方人。第三次下江都之后，他的这个倾向性就更加明显了。

这个做法从全国一盘棋的角度来看不能说不对，但是，这就威胁到了一直把持政治舞台的关陇贵族的利益，也引起了关陇贵族集团的极大不满，事实上，这次江都宫变，正是关陇贵族集团对隋炀帝抛弃关中，滞留南方政策的一个大反抗。现在，他们反抗成功了，自然，北方势力就要抬头，而南方人士也就要倒霉了。

就拿“五贵”来说，当时宇文述已死，只剩下四贵。这四位大臣都是隋炀帝信任宠幸的人，对隋炀帝的暴政，也都要负连带责任，但是，叛军对他们的处理却并不相同。对属于南方派系的裴蕴和虞世基怎么处理？杀无赦！而对出自北方的裴矩和苏威，就强调情有可原了。

裴矩是个聪明人，看到天下大乱，他早就给自己留了后路，对士卒一向客气，还建言献策，让骁果在江东娶妻生子，所以，骁果对他印象非常好。政变之时，裴矩也被抓起来了，可是，士兵一看见他就说：“非裴黄门之罪。”现在我们这个处境不是裴黄门的罪过，又把他给放了。宇文化及出来安抚士兵，裴矩立刻拜于马首，主动投降，宇文化及也就任命他为右仆射，比原来的官职还高。

苏威就更好办了，他当时已经年过八十，因为跟隋炀帝几次意见相左，很受冷落，早就不再参与朝政，所以，也没有民愤。政变之后，苏威更是积极主动地去参见宇文化及，宇文化及也很受用，特地把官员集中到一起接见苏威，给他很高的礼遇。宇文化及这样做，北方系统，特别是关中籍的官员和士兵当然满意，也都迅速地投靠了宇文化及。

北方派系的官员背叛了隋炀帝，而南方派系的官员却做出了相反的抉择。总的来说，他们对隋炀帝远比北方人忠诚。

先看文臣。隋炀帝死后，宇文化及拥立秦王杨浩当傀儡皇帝，自称大丞相，总揽朝政。文武百官都到朝堂去朝贺，只有给事郎许善心不去。他的侄子一看，赶紧快马加鞭地去找他，说："天子已崩，宇文将军摄政，阖朝文武咸集。天道人事自有代终，何预于叔，而低回若此？"隋炀帝已经死了，宇文将军现在统摄朝政，这属于天道循环。一个朝代灭亡，另一个朝代取代，这也是咱们司空见惯的事了。叔叔，你何苦还这么执迷不悟，非要替隋炀帝守节呢？

面对侄子只讲利害，不讲伦常的劝说，许善心勃然大怒，坚决不走。

要知道，许善心在南方威望很高。他从小号称神童，当年隋文帝平江南，还说了一句："我平陈国，唯获此人"，可见隋炀帝对他的评价有多高。

既然许善心名气很大，宇文化及当然也希望他能跟自己合作。可是他现在不来朝贺，怎么办呢？宇文化及干脆派人把他强拉到朝堂上，然后又放开他，希望恩威并施，让他知道厉害，认清形势。

没想到这一招对许善心不灵。宇文化及放了他之后，他一句感谢的话都没有说，拂袖而去。这样傲慢的态度当然让宇文化及忍无可忍，立马又把他抓回来，砍头了事。许善心九岁的时候父亲去世，寡母范氏辛辛苦苦把他抚养成人，这一年，范老太太已经九十二岁高龄了，按说，老年丧子是人生最大的苦痛之一，可是，范老太太听说之后，居然一声都不哭，说：“能死国难，吾有子矣！”我的儿子能够尽忠报国，能够死于国难，是一个好儿子！随后也跟着绝食而死。

许善心母子原本是陈朝人，而陈朝恰是被隋炀帝带兵所灭，现在这一对母子居然为隋炀帝殉节，也算是对隋炀帝这些年厚爱江南的充分认可了。

再看武将。这些政变的骁果，最初的目的就是回家乡，现在既然政变成功，接下来就要开拔回乡。宇文化及也学习隋炀帝，建立了一支跟皇帝一样的护卫仪仗。隋炀帝不是训练了几百个骁勇的官奴组成给使营吗？此时，宇文化及直接把他们接管过来，让他们接着给自己当亲兵，还给他们指派了一个领导，折冲郎将沈光。

沈光号称“肉飞仙”，当年在隋炀帝二征高句丽的时候脱颖而出，从此就成了隋炀帝的贴身宿卫。现在，宇文化及让他统领给使营，沈光心里难过，可是又没有办法。正在这时候，另外两个南方籍的将领，一个是大隋烈士麦铁杖的儿子麦孟才，还有一个叫钱杰，找到了沈光，对他说：“吾侪受先帝厚恩，今俯首事仇，受其驱帅，何面目视息世间哉！吾必欲杀之，死无所恨！”我们都受了先帝极大的恩惠，现在低头为仇人做事，受他驱使指挥，还有什么脸见人！我们一定要杀了他，为先帝报仇，就算死了也没有什么遗憾的！

沈光一听，潸然泪下，慨然回应：“是所望于将军也！”我也想报仇，现在就等将军牵这个头了！

三个人意见一致，预谋在凌晨发动政变，突袭宇文化及，给隋炀帝报仇。可惜事前走漏了风声，被宇文化及知道了。宇文化及一听麦孟才和沈光合谋算计他，大惊失色道：“此麦铁杖子也，及沈光者，并勇决不可当，须避其锋。”这麦孟才是麦铁杖的儿子，肯定不得了。他和沈光都勇不可当，我还是躲起来，避避风头吧。于是，宇文化及赶紧从大帐里溜了出来，同时派司马德戡率领大军包围了军营，逮捕麦孟才。

沈光一听军营里传出喧哗声，马上知道事情败露了。怎么办呢？他连甲胄都没有穿，直扑宇文化及的大营，想要以一己之力杀死宇文化及。可是，进来一看，宇文化及早就不见了。

这时候，司马德戡已经领兵包围了大营。沈光大吼一声，杀出重围，他手下的几百给使也都纷纷拿起武器，奋勇杀敌。后来，到底寡不敌众，被司马德戡一一剿灭。尽管事功不成，这几百个人无一投降，也算是以鲜血报答了隋炀帝的知遇之恩，厚待之情。

这还不算。中国人讲究生荣死哀，视死如生。事实上，隋炀帝的丧事也是由南方人操办的。隋炀帝死后，不是被萧皇后草草埋葬了吗？宇文化及走后，留守江都的右御卫将军——江南人陈棱又把遗体重新装殓，按照天子礼数，安葬在吴公台，此后直到唐朝贞观年间，才又改葬到位于今天江苏扬州曹庄的雷塘（关于雷塘和吴公台的位置关系，学术界有不同看法，此处不作详细辨析）。安葬吴公台的路上，陈棱“衰杖送丧，恸感行路”。陈棱为隋炀帝披麻戴孝，哀伤之情让行路之人都为之感动。

其实，从这些江南人的表现可以看出来，面对作为亡国之民的江南百姓，隋炀帝没有粗暴对待，相反，他尊重他们的文化成果，提高他们的政治地位，江南人民还是颇为感念的。只是，隋炀帝这个步子走急了，过于忽略当时还很强势的关陇贵族集团的利益，因此终被关陇贵族集团抛弃。

就这样，因为天下的反叛，更因为江都宫变，一代枭雄隋炀帝走完了自己的悲剧人生。那么，在他之后，已经四分五裂的天下，又会向何处去？

第十四章 隋亡唐兴

大业十四年（618），隋炀帝在扬州死于非命，天下马上陷入群龙无首的局面之中。各路反隋力量纷纷称王称帝，建立割据政权。在这个群雄并起的历史时刻，究竟谁成了大隋王朝的终结者？

一、杨侑禅让

隋炀帝一死，天下马上陷入群龙无首的局面，各地大大小小称帝称王的割据政权有增无减，其中，光是打着大隋名号的皇帝，就一下子出来了三个。

第一个，隋炀帝的孙子——代王杨侑，当时已经被李渊立为皇帝。

第二个，隋炀帝的侄子秦王——杨浩，被宇文化及立为皇帝。

第三个，留守东都，正跟李密打仗的越王杨侗，在隋炀帝死后也被立为皇帝。

只要他们还在，隋朝就还算没有灭亡。那么，这几个小皇帝的最终结局又是怎样的？

先看关中的杨侑。杨侑是在大业十三年（617）十一月十五日，就被李渊操纵着当上了傀儡皇帝，此时距离隋炀帝之死还有四个月，他当时还尊奉隋炀帝为太上皇。大业十四年（618）三月，隋炀帝被杀。古代交通和通信不方便，这个消息又过了一个多月才传到大兴。

传到大兴之后，李渊作何反应呢？按照《资治通鉴》中的记载，李渊“哭之恸”，哭得特别伤心。他说：“吾北面事人，失道不能救，敢忘哀乎！”我作为一个大臣，面向北来侍奉君主，君主无道，我不能匡救，现在君主死了，我怎么能不哀痛呢？

话说得挺好，可实际情况是，他正等着这一刻呢！如前所述，如果隋炀帝没死，谁杀死他，谁就是弑君；谁要是称帝，谁就是大逆不道，这些行为都是冒天下之大不韪，都要受道德谴责。所以，李渊虽然攻破了大兴城占了关中，但也不敢称帝，表面还得尊奉隋朝。但是现在，隋炀帝已经死了，这层顾忌也就不复存在，所以小皇帝杨侑也就没有用了！

大业十四年（618）五月十日，也就是隋炀帝遇害两个月之后，小皇帝杨侑颁下一纸诏书，说：“相国唐王膺期命世，扶危拯溺……屈为人臣，载违天命。”相国唐王李渊应天顺人，救世济民，让这样的人屈居人臣是不合天意的。所以，我要给他禅位！

为了表明这次禅让合乎天意，诏书里还特意说了一句：“予本代王，及予而代，天之所废，岂期如是。”我本来就被皇帝封为代王，正好，这个朝代到我这儿就要被新的王朝所代替了，这就是冥冥之中自有天意啊！好像这是老天安排好的。

其实，哪里有什么老天，真正能安排他命运的，只有李渊罢了！又过了六天，也就是大业十四年（618）五月十六日，李渊正式登基称帝，改国号为唐，改元武德。这个时间，距离隋朝建立，仅仅过去三十七年。

不过，尽管唐朝已经建立，但是隋朝并没有结束。因为隋炀帝死后，一共出现了三个继续打着隋朝名号的皇帝，杨侑只是其中之一。现在，杨侑禅让了，而其他两个皇帝还在。只要他们还在，隋朝就算还没有灭亡。那么，这两个小皇帝——杨浩和杨侗，又会面临怎样的结局？

二、杨浩之死

先看杨浩。杨浩是被宇文化及拥立的傀儡皇帝，因此，杨浩的结局，必定得跟宇文化及捆绑在一起。江都宫变后，宇文化及立刻率领十万大军，踏上了千里迢迢的回乡之路。然而，这条回乡之路走得并不顺畅。

首先，领头羊宇文化及实在太差了，很快暴露出三大问题。

第一，愚蠢。据《资治通鉴》中的记载，他“**每于帐中南面坐，人有白事者，嘿然不对**”。他虽然不是皇帝，但是也装模作样，像皇帝一样南面称尊，每天就坐在大帐之中，接受其他大臣的拜见，可是，无论大臣跟他禀报任何事，他都一言不发。

宇文化及为什么不说话？因为他愚蠢，根本不知道说什么好。问题是，千里行军，遇到的情况都很紧急，作为一个领头人，遇到情况总不说话，这怎么行！

第二，骄奢残暴。宇文化及杀了隋炀帝，却也把隋炀帝那一套排场全都继承来了，隋炀帝的后宫和珍宝他一律据为己有，这对于千里行军来说，可是个巨大的负担。他们一行人从江都出来的时候走运河，这还好办，美女也好，珍宝也罢，辎重也罢，都可以用船运输。但走到彭城的时候，因为战乱，水路不通，改走了旱路。没有了运输工具，这些宝贝又舍不得放手，怎么办呢？宇文化及干脆从当地老百姓手里抢了两千辆牛车，拉着美女和金银财宝走。而辎重则分散开来，让士兵背着！这样一来，可把老百姓和士兵激怒了，都觉得这家伙比隋炀帝还狠！

第三，猜忌。宇文化及当时最猜忌的，当属江都宫变最大的功臣司马德戡。司马德戡是江都宫变的灵魂人物，宇文化及也是他一手扶上领导岗位的。也正因为如此，宇文化及当政之后，最不放心司马德戡。司马德戡统领骁果，宇文化及觉得很不安全。怎么办？干脆任命他为礼部尚书，由武将改文职了。这不是夺司马德戡的兵权吗？

司马德戡聪明，马上就明白宇文化及的用心，不由得怒从心头起。他对另一个政变将领赵行枢说：“**君大谬，误我！当今**

拨乱，必藉英贤；化及庸暗，群小在侧，事将必败，若之何？”你可误了我的大事了！宇文化及当初是你推荐给我的，然后我们把他拥为领袖，可是现在天下大乱，真能领我们走出乱局的，一定得是英豪人物。可是你看看宇文化及，庸暗顽劣，怎么可能成就大业！我们一定会败到他手里的，这都是你当时没有知人之明导致的恶果，现在，你说怎么办吧？

赵行枢能出什么主意呢？搞政变的人通常都政变成瘾，所以，这个时候，赵行枢说：“在我等耳，废之何难！”我们既然能立他，就能废他！不如再发动一场政变，把宇文化及干掉算了。

可是，人算不及天算。这次新的政变还没等谋划成熟，就提前泄露了。在这个危急关头，宇文化及倒是没有犹豫，马上把司马德戡抓了起来，问他：“与公戮力共定海内，出于万死。今始事成，方愿共守富贵，公又何反也？”咱们在那么危险的时刻勠力同心，一块儿发动了江都之变，把隋炀帝给解决了，这是何等不容易的事情！现在正应该共享富贵，你怎么又来反我？

司马德戡是怎么回答的？他说：“本杀昏主，苦其淫虐；推立足下，而又甚之；逼于物情，不获已也。”我们为什么要杀隋炀帝？就因为他这个人既昏庸又残暴；改立了你之后，没想到你比他还要昏庸，还要残暴。我也是因为舆情汹涌，不得不反了！

确实，论起荒淫残暴和猜忌，宇文化及都比隋炀帝有过之而无不及，但要论才华，则不及隋炀帝百分之一。这样的人率领这支军队千里转战，怎么可能顺利！

事实上，这支军队要从江淮地区回到关中，就必须面对两大敌人，一个是正在围困东都的李密，还有一个是已经占据了关中的李渊。这两边都铆足了劲要当皇帝，当然不能允许一个新皇帝出现。

先看李密。李密当时正在包围东都洛阳，洛阳城里是已经称帝的越王杨侗。现在，宇文化及一路北上，眼看就要接近洛阳，李密和杨侗心里都不踏实了。为什么不踏实？从李密这个角度讲，洛阳城里的杨侗是老敌人，现在老敌人还没有攻下来，又来了宇文化及这么一个新敌人，这不是腹背受敌吗？

再看杨侗。宇文化及既然杀了他的爷爷隋炀帝，那就是不共戴天之仇了，必须跟他打。可是，光抵挡李密就已经左支右绌，哪儿还有什么精力再打宇文化及？这样一来，宇文化及倒成了李密和杨侗共同的敌人。有道是敌人的敌人就是朋友，政治人物就有这翻云覆雨的能力，面对宇文化及这么一个共同的威胁，李密和杨侗干脆握手言和了！李密向杨侗称臣，杨侗也立刻封李密为魏公，随即宣布，就由李密来负责攻打宇文化及！

这样一来，宇文化及可倒霉了。无论是文韬还是武略，他都赶不上李密一个零头。几个回合的斗智斗勇下来，宇文化及连吃败仗，众叛亲离。原来跟他一起政变的谋臣逃亡殆尽，甚至连亲弟弟老三宇文士及都悄悄投降李渊去了。手下的十万大军也只剩下两万人，还打什么天下！

好不容易逃过李密的追杀，宇文化及狼狈不堪地来到了魏县（今属河北邯郸），而这里，已经是另一支农民起义军窦建德的地盘了，要想从这个地方过，还得准备挨窦建德的打。宇文化及本来就窝囊，一看这种局面，更是心灰意冷，天天喝酒买醉。只要一喝醉，就开始埋怨宇文智及，说：“我初不知，由汝为计，强来立我。今所向无成，士马日散，负弑君之名，天下所不容。今者灭族，岂不由汝乎！”我本来不知道你们这些破事儿，是你硬拉着让我当头儿的，现在我们一事无成，困顿在这里，还要背负着弑君的恶名，天下谁也容不下我们，我们马上就要遭到灭族之灾了，这一切还不是你引起的！说完，抱着自己的两个儿子号啕大哭。

听大哥这么说，宇文智及也毫不相让，他说：“事捷之日，初不赐尤，及其将败，乃欲归罪，何不杀我以降窦建德！”当初我让你当头儿，你也没拒绝。事成之后，你还挺高兴的，但是并没有奖赏我什么，现在败了却让我负责，你还不如把我杀了去投降窦建德呢！

有道是打仗亲兄弟，上阵父子兵。宇文化及这一对兄弟，丝毫不能患难与共，反倒互相埋怨，兄弟阋墙，这只能让他们的处境雪上加霜。眼看着领导层矛盾重重，士兵就更加绝望，逃走的也越来越多。

到这时候，宇文化及也知道自己必败无疑了，他叹了一口气，说：“人生故当死，岂不一日为帝乎！”人固有一死，干吗不当一回皇帝再死呢？

这样一来，原来的傀儡皇帝杨浩就碍事了。宇文化及也不再跟他客气，一杯毒药灌下去，杨浩当即一命呜呼，就这样，第二个傀儡皇帝杨浩也死于非命。

三、杨侗之死

到这时候，就只剩下留守东都的杨侗了。本来杨侗已经被李密围困很久了，屡战屡败，而且粮草不继。如果没有意外，迟早要被李密攻破。但因为宇文化及，李密居然向自己称臣，这可真是意外之喜。李密这个臣子当得相当合格，只要一打赢，就马上向杨侗告捷，杨侗也给李密加官晋爵，双方的关系一度比蜜还甜。

可是，这样的蜜月期注定是短暂的。没过多久，东都洛阳就爆发了激烈的流血冲突，而且，杨侗自己也落入了万劫不复的境地。

这又是怎么回事呢？说起来，这还是李密归降引起的。李密投降，杨侗手下的文臣和皇帝一样，都很开心。最开心的是杨侗信任的宰相元文都。杨侗和李密联合，本来就是他出的主意，现在一看效果这么好，元文都心里得意，天天给自己竖大拇指。

文臣开心，武将可不高兴了。最不高兴的，当属杨侗原来倚重的军事统帅——王世充。王世充本来是江都通守，后来，因为东都告急，隋炀帝才派他来救援，自从来了之后就一直跟李密打仗。现在，王世充看见杨侗和元文都这样器重李密，还要让李密入朝辅政，内心很不以为然。他对手下说：“元文都辈，刀笔吏耳，吾观其势，必为李密所擒。且吾军士屡与密战，没其父兄子弟，前后已多，一旦为之下，吾属无类矣！”元文都不过就是个刀笔吏，根本没有谋略，整天就知道说李密好。可李密终非人下之人，元文都这么做，纯粹是养虎为患，肯定有一天要被李密干掉！一旦李密到洛阳做官，谁最倒霉？那就是咱们兄弟了。咱们跟李密打过那么多仗，杀死过人家的父兄，李密一定会报仇的。到时候，我们死无葬身之地！

王世充这话是什么意思？明显是在挑动士兵反对元文都。他这些言论传到元文都耳朵里，元文都又气又怕。想来想去，元文都决定，与其等着王世充发难，不如先下手为强，把王世充干掉算了！他悄悄安排了士兵，打算等王世充入朝的时候，出其不意，攻其不备，抓俘虏。

这件事当然是密谋，而密谋是否能实现，在很大程度上取决于是否能保密。就在元文都即将发难之前，有一个参与了密谋的大臣，名叫段达，突然害怕了，偷偷地把这件事告诉了王世充。王世充手里有兵，一听这消息，索性一不做，二不休，直接发动兵变，攻打洛阳城的城门含嘉门。

元文都此时毫无准备，只好簇拥着杨侗，率领宫城里的宿卫士兵抵抗。然而，他是文臣，王世充是武将，他手里兵少，王世充手里兵多，怎么可能抵挡得过！到天亮的时候，城门还是被王世充攻破了。眼看着王世充就要冲进宫里，杨侗赶紧派人问话：“**称兵欲何为？**”你领兵入宫，想做什么？

王世充下马拜谢说：“**元文都、卢楚等横见规图；请杀文都，甘从刑典。**”元文都、卢楚想要害我，我是来杀元文都的，并不是来杀您的。您只要把他交出来，让我杀了他，我甘愿接受您的责罚。

这不是策反皇帝吗？元文都一听，赶紧回头对杨侗说：“**臣今朝死，陛下夕及矣！**”陛下千万不要听他花言巧语，您把我交出去，我早晨死，晚上就轮到您了！

问题是，在这样的情况下，杨侗怎么可能保他？只好痛哭着把他交给王世充处死了。

处死了元文都，杨侗的日子也就难过了。王世充虽然表面痛哭流涕，说自己只是痛恨元文都，不敢对皇帝有二心，但实际上，第一时间就把杨侗身边的宿卫都换了个遍，等于把杨侗给软禁了。杨侗毫无还手之力，只好任命王世充为左仆射，总督内外诸军事，把军政大权全都交给了他。

洛阳城里，王世充兵变杀了元文都。洛阳城外，李密在干什么？李密已经把宇文化及打败了，正在入朝的路上，打算到洛阳辅政。一听元文都被王世充杀死，李密马上明白了，和洛阳方面的联合，到此结束。怎么办？李密二话没说，又回到自己的地盘，重新和洛阳对峙上了。

李密回去了，王世充也马上厉兵秣马，准备出城作战。

其实，此前李密和王世充打仗，李密赢得多，所以，王世充一直待在洛阳城，不敢出战。既然如此，这一次，王世充为什么一反常态，要主动攻打李密？很简单，洛阳城一直被围，粮食越来越少，再不出来打，饿也要饿死了。

问题是，王世充的兵跟李密打仗都打怕了，比较怯战。怎样才能让他们鼓起勇气呢？王世充也是个聪明人，就利用了古代一个非常经典的方法——装神弄鬼。他找了一个叫张永通的士兵，让他谎称自己曾经三次梦见周公，然后又找了一个巫师解梦。

这个巫师说：这是周公利用张永通给王世充传话，让王世充放心攻打李密，周公保证在天上暗中相助。巫师还说：各位军士，谁要是奋勇杀敌，保证有丰厚回报。谁要是临阵逃脱，则必遭瘟疫。

可能有读者会觉得，这方法也太幼稚了吧？幼不幼稚要看知识背景。古代人本来就迷信，王世充手下的兵又都是从江淮地区带来的，江淮地区是古代的楚地，楚人又以好鬼著称，所以，一听说周公传话，个个信以为真，都坚决请战。王世充大喜过望，立即挑选三万精锐，从洛阳直奔李密而来。

王世充找李密打仗，李密应不应该应战呢？按理说，李密此刻不应该打。

首先，这样精神亢奋的士兵不好打。应该避开风头，把他们的精气神磨没了再说。

其次，李密刚刚和宇文化及打过几场恶仗，损兵折将不少，急需休养生息。

最后，李密占领了几个大粮仓，手里有粮，心中不慌，没必要着急，正应该跟王世充耗着。

李密是难得的军事家，这些道理他都懂得，开始也想深沟高垒，不理睬王世充的挑衅，慢慢耗着。但是，他手下不是刚刚从宇文化及那里接收了不少降兵降将吗？这些人新换了个主人，都想好好表现一下，立功心切，整天撺掇李密正面迎敌。听他们七嘴八舌一怂恿，李密脑子一热，决定了，打！

打得结果如何呢？一场战争谁胜谁负，看看双方的战前准备就能知道得差不多。先看王世充这边。战斗开始之前，王世充召开誓师大会，慷慨陈词：“今日之战，非直争胜负；死生之分，在此一举。若其捷也，富贵固所不论；若其不捷，必无一人获免。所争者死，非独为国，各宜勉之！”今天打仗，你们以为是较量胜负吗？不对，今天打仗是来决定咱们的生和死的！如果这一仗打赢了，荣华富贵就都是我们的；如果打输了，我们都死无葬身之地。所以请诸位好好打。因为你们不是为国家而战，而是为自己的生死而战！这其实是把士兵置于“哀兵”的地位，中国古代有个成语，就叫作“哀兵必胜”。

李密方面呢？李密本来就瞧不起王世充，打赢了宇文化及之后，更是心高气傲，根本不把王世充放在眼里。虽然决定打了，却连个防御工事都不修。这叫什么？这也是一个成语，叫“骄兵必败”。

简而言之，单看准备情况也能猜到，王世充打赢的可能性大。战场上的情况是不是符合这一判断呢？完全符合。两军相交，李密的兵还没排成列，王世充的兵已经冲过来了。这本来在气势上就输了一招。更要命的是，两军交战正酣的时候，王世充忽然绑了一个又黑又矮、容貌长得很像李密的人从阵前掠过，大喊一声：抓住李密了！

这一喊不要紧，王世充这边的人就如同打了强心针一样，欢声雷动，如下山猛虎一样直扑过来，而李密那边则是大惊失色，兵败如山倒，一路丢城失地，一直退到了虎牢关。

此前提到，李密虽然叱咤风云，但瓦岗军的底子还是各路英雄组成的大联盟。打胜仗的时候，这个联盟可以像滚雪球一样越滚越大，一旦打了败仗，也非常容易分崩离析。现在李密兵败，马上，这种局面马上就出现了，很多文臣武将都举城投降了王世充。李密在河南的地盘丢了大半。

何去何从呢？这时候，有一处战略要地出现在李密的脑海之中——黎阳。杀了翟让之后，李密就把徐世勣打发到黎阳来镇守黎阳仓了。这个地方有兵有粮，如果到这里休养生息一阵子，未必不能东山再起。

可是，这个主意刚提出来，马上就有人反对了。他们说："杀翟让之际，徐世勣几死，今失利而就之，安可保乎！"徐世勣不是咱们的人，是翟让的人。当年您杀翟让的时候，徐世勣差点陪着死了。现在我们兵败了，再去投奔他，万一他直接把我们活捉了怎么办？

李密一想也对，那么多自己提拔起来的人在这个危急时刻尚且背叛，何况是有过节的徐世勣！杀翟让的后遗症到这个时候才真正显现出来。

不能投靠黎阳了，还能往哪里走呢？这时候，李密又想到一个人，李渊。当年，李渊起兵之后，不是曾推戴李密吗？李密还拿人家当小弟。现在，风水轮流转，李渊已经牢牢地占据了关中，称孤道寡，而原来不可一世的李密却成了丧家之犬，真是悲哀！

可是，好汉不提当年勇，现在只能寄希望于李渊顾念当年结盟的情分，收留自己了。想到这一步，李密对手下说：“**诸君幸不相弃，当共归关中；密身虽无功，诸君必保富贵。**”承蒙诸位不抛弃我，我们干脆一起投奔关中的李渊吧。我李密虽然身无寸功，但是诸位一定会享受富贵。

他这么一说，有个叫柳燮的下属马上表示赞同：“**明公与唐公同族，兼有畴昔之好；虽不陪起兵，然阻东都，断隋归路，使唐公不战而据长安，此亦公之功也。**”您和唐公李渊是同姓宗亲。再说了，虽然当初您没跟他一块儿起兵，但是您把隋朝官军拖在东都洛阳，截断了隋军的归路，李渊才得以占据关中。所以，您对李渊是有巨大贡献的，怎么能说无功？他肯定会收留我们，给我们个好待遇的。

确实，当初如果不是李密在东都拖住隋军主力，李渊怎么可能顺利入关？这样说来，李密也算李渊的大功臣，在他手底下，应该可以混一碗饭吃吧。就这样，隋末叱咤风云，天下瞩目的英雄李密带领手下两万残兵败将，出虎牢关，投奔唐朝了！

李密兵败投唐，河南基本上就成了王世充的天下。王世充接下来要干什么？他也要当皇帝。既然他有了这份心愿，原来的小皇帝杨侗就成了绊脚石。王世充指派段达、云定兴等大臣去游说小皇帝说：“**天命不常，郑王功德甚盛，愿陛下遵唐、虞之迹。**”天命是不固定的，郑王现在功劳非常大，希望陛下能像尧、舜一样，把尊位禅让给郑王。

别看杨侗年幼，但是关键时刻，还真有帝王威严。他义正词严地说：“**天下，高祖之天下，若隋祚未亡，此言不应辄发；必天命已改，何烦禅让！公等或祖祢旧臣，或台鼎高位，既有斯言，朕复何望！**”天下是我个人的天下吗？它是高祖文皇帝的天下。如果说天未亡隋，你们就不应该说让我禅让的话；如果说天已亡隋，我也用不着禅让，让王世充直接来杀我好了。你们都是老臣、旧臣，累世做官，如果连你们都说出这样的话来，我还有什么希望？

确实，段达是隋文帝时代就崭露头角的老臣，隋炀帝也信任他，这才让他和元文都一起留守洛阳，辅佐杨侗。云定兴就更不用说了，那是隋炀帝的大哥废太子杨勇的老丈人，更应该与国休戚。可现在居然是由他们来劝说杨侗禅让大隋江山，这让杨侗情何以堪！

可是，都到这个时候了，就算再义正词严，又有什么用呢？王世充一看杨侗如此不配合，也不再谈判，干脆把他关起来，软禁在了含凉殿。自己搞了一套三让而后受之的把戏，然后登基称帝，国号为郑。

既然如此，杨侗是否就要在含凉殿终老此生了呢？当然不可能。他既然当过皇帝，就始终是个政治隐患，王世充不会让他活得太久。一个多月以后，王世充的侄子王仁则和一个叫梁百年的家奴拿着一瓶酒打开了含凉殿的大门。这不是一般的酒，而是鸩酒，就是隋炀帝临死前要找的毒酒。

杨侗生在帝王家，当然明白这是怎么回事。求生是人类的本能，何况杨侗还只有十六岁！他对王仁则讲："**更为请太尉，以往者之言，未应至此。**"你能不能回去再跟王世充说一声，跟他商量商量，他过去许诺不让我死的。

王仁则摇摇头，拒绝了。杨侗又请求与自己的母亲辞别，王仁则又摇摇头，也拒绝了。

万般无奈之下，杨侗焚香礼佛，祈祷道："**愿自今已往，不复生帝王家！**"佛祖啊，请你保佑，从此以后，生生世世，不要再让我投胎到帝王之家！说完，饮鸩自杀。

可是，谁也没想到，也不知道是毒酒制作水平不高，毒性不强，还是杨侗的生命力太过顽强，喝下去之后居然不死。怎么办呢？慌乱之中，王仁则走上前去，拿出一条白绢，直接把杨侗勒死了事，和隋炀帝的死法一模一样。

又过了三个多月，杨侗的亲弟弟，已经禅位给李渊的代王杨侑也在大兴神秘地死去。皇帝死后不是都有谥号吗？杨侗、杨侑兄弟的谥号是什么？王世充和李渊心有灵犀，给这哥儿俩的谥号都是“恭皇帝”。事实上，根据史书记载，杨侗“眉目如画，温厚仁爱，风格俨然”，是个清秀的美少年，杨侑也素以温和友爱著称。如果隋朝没有灭亡，他们或许真的可以成为一个谦恭有礼的守成之君，但在此刻，他们两人能做到的，只是恭顺地让位，继而恭顺地死去了。

随着杨侗的禅让，隋朝彻底灭亡了，而随着杨侗和杨侑的相继去世，隋炀帝的直系儿孙也大都死于非命。然而，也就在同一时刻，作为中国古代盛世巅峰的大唐王朝已经冉冉升起。那么，我们到底应该怎样评价大隋帝国的终结者隋炀帝？他又为后来的唐朝带来了什么？

第十五章 殷鉴不远

隋炀帝、唐太宗，一个是万人唾骂的暴君，一个是百世流芳的圣君。这两位皇帝，不仅有着那么近的亲缘关系，有着相似的出身和性格，还有着相似的志向与能力。既然如此，他们为什么会有如此迥异的结局？

一、赫赫暴君

到此为止，隋炀帝时代波澜壮阔的历史告一段落。我们回顾了隋炀帝未当皇帝之前的机关算尽，也铺陈了他当皇帝之后的雄才大略，还探讨了他东征西讨、滥用民力，最后落得土崩瓦解、破国亡家的悲惨结局。那么，他到底是一个怎样的皇帝？他给继之而起的唐朝又留下了什么？

先看第一个问题，他到底是一个怎样的皇帝？我想，有三个评价同时成立。

第一，他是一个有魅力的皇帝。

第二，他是一个有功业的皇帝。

第三，他是一个有重大道德缺陷的皇帝。

先看第一个评价，隋炀帝是一个有魅力的皇帝。他有两大魅力锐不可当。

第一个魅力是志存高远。在隋朝建立之前，中国已经经历了几百年的乱世。这几百年间，固然不乏北魏孝文帝、北周武帝那样的英主，但更多的却是一些或暴虐或庸碌的昏君。就比如隋炀帝亲自俘虏的陈后主，每天所思所想，无非是淫词艳曲、风花雪月，甚至最后亡国之际，还不忘左拥右抱，跟两个美人一块儿跳井。这样的皇帝，一辈子只知道醉生梦死，穷奢极欲，何尝想过怎样才能当一个有为的皇帝，怎样才能建立一个强大的国家！

隋炀帝就不一样了。他真是个有志向的皇帝，他就是要创建大业，就是要超迈前古。在国内，他一直瞄准了盛世天子汉武帝；在国际上，他则要当一个四夷臣服的圣人可汗。为了达到这个目的，隋炀帝一生都在东奔西走，很少在都城连续住到半年以上。这样的雄心壮志，这样的精力充沛，透露出一个新时代生机勃勃的新气象，让千载之后的我们，仍然能够感受到一种理想主义的魅力。

第二个魅力是风流倜傥。如果说志向高远还是隋炀帝和隋文帝的共同特征，那么，在风流倜傥方面，隋文帝可就比隋炀帝差远了。

隋文帝晚年曾经赋诗《宴秦孝王于并州作诗》："红颜讵几，玉貌须臾。一朝花落，白发难除。明年后岁，谁有谁无。"这是在感慨生命短促，风格质朴，而情绪颓废。

隋炀帝可不一样了。他在北巡的路上写下《饮马长城窟行》："肃肃秋风起，悠悠行万里。万里何所行，横漠筑长城。"慷慨雄浑，这是在吟咏建功立业的壮志。

隋炀帝还有一首《春江花月夜》："暮江平不动，春花满正开。流波将月去，潮水带星来。"美满开阔，这是在吟咏对自然

真心实意的热爱。

一个颓唐，一个热情；一个质朴，一个浪漫。谁能抵御隋炀帝的魅力？

不光是诗，音乐歌舞也是一样。隋文帝是个刻板的人，相信音乐和政治直接相关，认为靡靡之音会导致亡国，所以一心希望追求雅乐正声。这个雅乐雅到什么程度？按照《隋书·音乐志》中的说法，就是只用黄钟一调。所有的音乐都一个调门，这还怎么听！用权力来压制艺术，只能让整个社会笼罩在一种压抑的气氛之下。

到隋炀帝时代就完全不同了。雅乐要不要？当然要，但是，要融进在江南发展起来的袅袅梁音。俗乐要不要？当然也要，而且，要尽可能吸收西域传来的繁复声调，也就是隋文帝所谓的靡靡之音。

这样的原则意味着什么？意味着松绑，不仅是音乐的松绑，更是整个社会的松绑。一个正常运转的社会一定需要欢乐，需要开放，而一个有魅力的人，一定是认可欢乐和开放的人。正因为如此，隋炀帝是有魅力的，这种魅力，无论是表现为高远的政治理想，还是表现为风流的艺术气息，都让人产生一种向上的力量。

再来看第二个评价。隋炀帝是个有功业的皇帝。按照《隋书·炀帝纪》中的说法就是：“地广三代，威振八纮。单于顿颖，越常重译。赤仄之泉，流溢于都内；红腐之粟，充积于塞下。”隋炀帝手中的地盘比三代的盛世时期还要宽广，他威振八方，让很多少数民族都纳贡称臣。北方少数民族的首领都来叩首请降，而边远荒凉、经过两道翻译才能跟中原沟通的小国，也派出了使者。这是政治方面的成果。经济方面呢？隋炀帝创造了那么多财富，都城里都堆满了钱，甚至可以随便在大街上捡到；边疆的仓库里也堆满了粮食，而且一直没有人食用，以至于都变质甚至腐烂了。

这段话其实是一种全方位的赞美，说隋炀帝在短短的统治时间内创造了无比繁盛的局面。一个王朝在第二代就能达到巅峰状态，是非常不容易的事情，因此，这是个很高的评价。

以上这些能不能代表隋炀帝的全部功业？还不能。隋炀帝的功业，还有比这更重要的。那就是几件利在千秋的大工程、大作为。

什么是大工程？

第一，营建东都洛阳。这是在西京大兴城之外，建立的整个东部地区的政治核心。这种东、西两都的思路，后来继续被唐朝保留。

第二，开凿大运河。这是打通一条沟通南、北、中三方的交通大动脉，沿着这条大动脉，北方的野蛮精悍之血和南方的文质彬彬之气才能交融汇通，北方的政治中心和南方逐渐成长起来的经济中心也才能连成一体。可以毫不夸张地说，没有这个工程，就没有李唐王朝近三百年的盛世基业。

第三，修长城。这是针对突厥的北方防线。众所周知，突厥的威胁一直到唐朝还继续存在，虽然唐朝号称军事强盛，自己不修长城，但是，这条军事防线也一直都在用，成为屯兵守备的要塞。

这几个大工程，以隋炀帝一代之力迅速完成，却能嘉惠唐朝近三百年，无疑应该算是大功业了。

那什么是大作为？

第一，巡江都。这是为了加强和江南的联系，提高江南的地位，巩固南北统一。

第二，巡塞北。这是确立对东突厥的宗主国身份，同时也就是确认隋朝在整个东亚地区的霸主地位。

第三，巡西域。这是把青海纳入版图，同时打通丝绸之路。

这三个方面的作为有什么意义？一句话，还是为唐朝奠基。大唐盛世让人称羡“**腰缠十万贯，骑鹤上扬州**”，不正是建立在江南繁华的基础上吗？唐太宗所谓“**自古皆贵中华，贱夷、狄，朕独爱之如一**”的天可汗气度，不正是建立在隋炀帝北巡西狩的基础之上吗？

隋炀帝取得这些功业，一共用了多久？他统治天下一共才十四年，但从他大业八年（612）就开始征讨高句丽，国内建设也就基本停顿下来了。所以，所有这些大工程、大作为的取得，主要都是前面八年时间的结果。以八年的时间，能够建立这么多传之久远的功业，在整个中国古代历史上，也算是顶尖的了。

既然隋炀帝有如此魅力，又有如此功绩，隋朝为什么那么快就会灭亡？他自己为什么又被谥为“炀帝”呢？按照《逸周书·谥法解》：“逆天虐民曰炀。”“炀”几乎是中国古代最差的谥号了。这亡国与恶谥的原因，又在哪里呢？

接着看第三个评价。隋炀帝是个有重大道德缺陷的皇帝。这缺陷，就在于恃才傲物，有才无德。隋炀帝有没有才华？太有才华了。无论是宏伟的政治蓝图，还是风雅的个人品位，哪个不需要才华横溢做基础！但是，正因为他太过才华横溢，所以，隋炀帝也非常自负，自负到只把自己看成英雄，把别人都看成蝼蚁，都只能贯彻他的命令，服从他的意志，绝不能有任何的个人主张，甚至，不能有任何的个人权力。

比如他兴建那么多大工程，发动那么大规模的战争，有没有征求老百姓的意见，或者说，考虑一下老百姓的承受能力？怎么可能！在雄才大略的隋炀帝眼里，老百姓只是为他的宏图伟业添砖加瓦的一群工蚁，本身一钱不值。既然如此，他们是否同意，能否承受，又有什么意义！

隋炀帝曾说过：“天下人不欲多，多即相聚为盗耳。”天下人别那么多，人多了聚到一块儿就成强盗了，所以该杀的时候就要杀。在他眼里，多死几个人不是坏事，还可以减少管理的难度。这不是反人民吗？

老百姓不需要考虑，官员需不需要考虑？官员也不需要考虑。隋炀帝觉得，没有哪个官员比他更聪明，因此，如果他们赞同自己的意见，那算是理所当然；如果他们不同意自己的意见，或者给自己提意见，那就是沽名钓誉，十恶不赦了。这一点，隋炀帝也说得很清楚。他说："我性不喜人谏，若位望通显而谏以求名者，弥所不耐。至于卑贱之士，虽少宽假，然卒不置之地上。"这是多么刚愎自用，又多么冷酷无情！

官也无视、民也无视，这样一来，隋炀帝眼里还有谁？不就只有他自己了吗？

一个皇帝，这样恃才傲物有什么后果？后果就是成了独夫民贼吧。你不顾及老百姓的死活，非要把老百姓逼上工地，逼上战场，直至逼上梁山，那老百姓没有办法，也只能是揭竿而起了。这就是所谓"君视民如草芥，则民视君如寇仇"。

隋末的形势，可称得上是"土崩瓦解"。这土崩，当然就是老百姓造反了。唐朝初年，魏徵有一段话说得好。他说："彼山东之群盗，多出厮役之中，无尺土之资，十家之产，岂有陈涉亡秦之志，张角乱汉之谋哉！皆苦于上欲无厌，下不堪命，饥寒交切，救死萑蒲。莫识旌旗什伍之容，安知行师用兵之势！但人自为战，众怒难犯，故攻无完城，野无横阵，星离棋布，以千百数。豪杰因其机以动之，乘其势而用之，虽有勇敢之士，明智之将，连踵复没，莫之能御。”隋末那么多所谓的盗贼都是怎么来的？他们并非天生的盗贼，他们本来都是普普通通的老百姓，既没有什么资产，也没有什么见识。既然如此，为什么这些人还要造反？就是因为皇帝的欲望实在太多了，压迫太重了，他们为了活命，只好造反。这些造反的人，真的像秦末的陈胜（字涉）、汉朝的张角那样，有推翻统治者的强烈欲望吗？没有，他们只是想要活下去而已。但是，如果一个人为活下去而战，他就会迸发出最强的力量。这个力量强到什么程度？谁要是遇到仅仅为了活着而揭竿起义的老百姓，一定会被踏成碎片，碾成齑粉。

换言之，不是老百姓天生就是盗贼，而是隋炀帝的暴政把这些老百姓都逼成了战士。天下的百姓都成了战士，这天下也自然就率土分崩了！

除了土崩，还有瓦解。所谓瓦解，就是统治集团内部造反。隋末杨玄感、李渊为什么要造反？除了个人野心之外，还有一个很关键的因素，就是朝廷没有向心力。一个皇帝，不信任官员，不允许官员发表意见，那官员也就无法产生跟国家休戚与共的感觉，相反，离心离德的趋势倒是非常明显，一旦局势不稳，就只会为自身利益打算。李渊是最经典的例子。

可能有读者会说，李渊本来就是野心家。然而，就算是那些并无改朝换代野心的人，也不敢轻易得罪自负的皇帝，只能阿谀奉承，谎话连篇。

隋炀帝三下江都以后，宇文述号称隋炀帝最信任的大臣，但是隋炀帝问宇文述外界盗贼的情况，宇文述也只敢说“渐少”，根本不敢吐露实情。甚至到了江都宫变前夕，萧皇后知道有人要搞政变，杀隋炀帝，都不敢告诉他，只能任由他走向毁灭。

这样一来，隋炀帝可就真成了孤家寡人，身边是只会顺情说好话的佞臣，外界则是遍地开花的起义军和野心家，在这种众叛亲离的情况下，想不亡国，又怎么可能？

所以，分析隋亡的原因，固然可以追究到隋炀帝滥用民力，三征高句丽，但是，这些其实都只是直接原因，表面原因。而真正的深层原因，还是隋炀帝根本不懂得当皇帝的道理。

一个皇帝，最重要的任务绝不是逞个人英雄，强迫所有人去服从自己的梦想，而是要把自己的梦想、官员的梦想和老百姓的梦想整合到一起，带领所有人一起去实现这个梦想。

怎样才能把所有人的梦想整合到一起？其实很简单，就像孔子说的那样：“己欲立而立人，己欲达而达人”“己所不欲，勿施于人”。隋炀帝不是有国吗，那就应该允许老百姓有家。隋炀帝不是有政治理想吗，那也应该允许官员有政治主张。

非常遗憾的是，隋炀帝并没有意识到这些，他只想靠自己发达的大脑给全国设定一个方案，然后再用自己的权力意志去强力推行这个方案，还梦想着这个方案就是千秋基业。问题是，他在制订方案和执行方案的时候，完全没有顾及客观历史条件，没有顾及当时老百姓的承受能力，也没有顾及大臣们的修正意见。一个皇帝，眼里只有自己，没有百官，没有百姓，这就叫缺乏人君之德了。有道是："功成而德衰，有善始者实繁，能克终者盖寡。"一个人如果只有功而没有德，那么开始那几步走得好，这是可以做到的，但是一直走到最后还走得好，几乎是不可能的。隋炀帝就是一个经典案例。

贞观年间，唐太宗对魏徵说："朕观《隋炀帝集》，文辞奥博，亦知是尧、舜而非桀、纣，然行事何其反也！"我看《隋炀帝集》，觉得隋炀帝的文章写得特别漂亮，句句都是人话，也知道说尧舜好、桀纣坏，可是他办事的时候，为什么就会反过来呢？

魏徵回答说："人君虽圣哲，犹当虚己以受人，故智者献其谋，勇者竭其力。炀帝恃其俊才，骄矜自用，故口诵尧、舜之言而身为桀、纣之行，曾不自知，以至覆亡也。"会当皇帝的人，无论自己有多少才能，也还要虚心纳谏。因为只有你诚恳对待别人，智者才能为你献上计谋，勇者才能为你献上力气，这样，你的事业才能平稳地走下去。然而，隋炀帝不是这样。他依恃着自己的才能，谁都看不起，谁的话都不听，所以他才会口说尧舜之言，这是智力就能解决的问题，但是他不会身行尧舜之举，这是因为他没有深入了解尧舜究竟是怎么做的。正因为他满口里说的都是尧舜的话，身体力行的却是桀纣的事，至死不悟，所以政权才会灭亡！这段话说得真是一针见血。

正因为隋炀帝恃才傲物，有才无德，他的“才”也就变成了走错了方向的歪才，变成了他国破家亡的催命符了。《隋唐演义》里说：“莫道有才能治国，须知亡国亦由才。”不要说有了才能就可以治理国家，有时候亡国也是任才导致的结果。我们中国一直强调德才兼备，其实就是这个道理。

分析了以上三个方面的特征，可以稍微总结一下，隋炀帝到底是个怎样的皇帝？一言以蔽之，他是一个暴君。

什么叫暴君？那就涉及对古代皇帝的分类了。中国古代皇帝分类原本是个仁者见仁、智者见智的问题，不必追求一致，不过，虽然划分的标准多种多样，但明君、暴君和昏君还算是最基本的类型。

所谓明君，是有才有德；所谓暴君，是有才无德；所谓昏君，是无才无德。

这三类皇帝里，哪一类贡献最大？当然是明君。既能克己复礼，又有文治武功，所谓“一人有庆，兆民赖之”，所作所为，功在当代，利在千秋，唐太宗李世民就是明君中的典范。

哪一类危害最大？其实不是昏君，而是暴君。因为昏君无才，而暴君有才。一个无才无德的皇帝，顶多醉生梦死，他固然没有贡献，但对社会的危害也相对要小；相反，一个有才而无德的皇帝可就不一样了，他才能强，本领大，足可以让四海沸腾，民不聊生。这样的皇帝，固然可以建功立业，甚至利在千秋，但与此同时，他也一定是罪在当代，成为万众唾骂的悲剧人物。隋炀帝不就是最好的例证吗？

二、殷鉴不远

说到这里，恐怕有读者会意识到一个问题。恰恰就在中国历史上最著名的暴君死后不久，出现了中国历史上最著名的明君唐太宗。这两者之间有没有什么联系？或者说，隋炀帝到底给继之而起的唐朝带来了什么？

毫无疑问，这两者之间太有关系了，没有隋炀帝，恐怕也很难有后来的唐太宗。因为隋炀帝给唐太宗送了一份最难得的大礼——教训。如果没有这教训，没准儿唐太宗也会是第二个隋炀帝。因为这两个人太像了。

像到什么程度？历史学家胡如雷先生说过一句话，“李世民之于杨广如影随形，但不是相似的形影，而是一个头脚倒立的水中倒影。”既然叫倒影，可见两个人确实很像。甚至可以说，方方面面都像。

第一，身份像。两个人都是关陇贵族集团的成员，隋炀帝的母亲独孤皇后正是唐太宗的姨奶奶，唐太宗见了隋炀帝，还得叫一声表叔。

第二，经历像。这两个人都是皇帝的二儿子，按照嫡长子继承制的原则，都没有资格接班。但是他们早年都功勋卓著，因此也都野心勃勃，为了能当上皇帝，两个人都搞阴谋诡计，无所不用其极。隋炀帝搞了“仁寿宫变”，唐太宗更是搞了大名鼎鼎的“玄武门之变”，当皇帝的来路，都不怎么正。

第三，理想像。两个人都自视甚高，都想青史留名，为此，当皇帝也都当得兢兢业业。

可是，就是这么两个极端相似的人，后人对他们的评价却天悬地隔。唐太宗成了明君中的明君，流芳千载；而隋炀帝则成了暴君中的暴君，只能遗臭万年。两个相似的人，为什么结局会判若云泥？关键的原因就是隋炀帝给唐太宗提供了教训。有两个教训至关重要。

第一，人民值得尊重。

第二，君主需要节制。

先看第一个教训。要知道，唐太宗亲身参与过隋末农民战争，亲眼见识过人民力量的强大。所以，他对老百姓的看法和隋炀帝截然不同。他知道，单个老百姓看起来固然软弱，但是，把一个个老百姓汇到一起，就会成为一股巨流。正因为认识到老百姓这种令人畏惧的力量，所以，唐太宗认可一句非常著名的话：“君，舟也；人，水也。水能载舟，亦能覆舟。”

他说：“为君之道，必须先存百姓。若损百姓以奉其身，犹割股以啖腹，腹饱而身毙。”皇帝怎么当？第一要素就是爱养百姓，如果靠损耗百姓的利益来成全自己的利益，那就如同割大腿上的肉来填饱肚子，肚子填饱了，人也就该死了。

把这两句话和隋炀帝那句“天下人不欲多，多则相聚为盗”放在一起，精神境界高下立判。正因为有这种认识，唐太宗才能够在很长一段时间里不兴工役、不夺农时、休养生息，这样一来，隋末流离失所的老百姓才能在唐初迅速安定下来，才会捧出一个君明、臣贤、民安的“贞观之治”。

再看第二个教训，君主需要节制。节制什么？节制欲望，节制权力。隋炀帝就是因为超迈周汉的欲望太强烈，权力又太大，所以才会不停地大兴工役，东征西讨，直至最终走上逆天虐民的道路。

怎样才能节制欲望？唐太宗给出的答案很简单，就是自律。他说：“安人宁国，惟在于君，君无为则人乐，君多欲则人苦。”一个国家治理得好坏，起决定性作用的人物其实是君主。君主如果有很多欲望，老百姓就会痛苦，君主如果没什么欲望，老百姓就会快乐。

正是隋朝的教训让唐朝的皇帝知道，一个君主，不仅要节制穷奢极欲的欲望，还要节制建功立业的欲望，至少，要把这种欲望约束在老百姓可承受的范围之内，否则，超出了人民的承受力，连政权都保不住，还怎么能够再奢望建功立业？怎样才能节制权力呢？唐太宗给出的答案是纳谏。贞观二年（628），唐太宗问魏徵，何谓明君暗君？魏徵回答说：“君之所以明者，兼听也；其所以暗者，偏信也。”这就是著名的成语“兼听则明，偏信则暗”的来历。只有多方采纳意见，才能避免君主唯我独尊，刚愎自用，也才能够充分做到群策群力，避免行政失误，这就与隋炀帝的恃才傲物形成了鲜明的对比。

唐太宗说：“以古为镜，可以知兴替。”事实上也正是如此，隋朝勃兴速亡的反差有多强烈，隋炀帝这个反面教材的力量就有多大。正因为有了隋炀帝这么铭心刻骨的教训，唐太宗才能谨身节欲，求才纳谏，成为顶天立地的一代圣君，而隋炀帝，则只能是水中的一个倒影，一个反面。

隋炀帝一心想做超迈前古的好皇帝，最后却成了笔记小说里荒淫无耻的反面典型，顶着一个“炀”字盖棺论定。平心而论，这种评价并不十分公正。但是，在他身后，却崛起了一个既威武雄壮又温柔敦厚的大唐王朝，而在史书中，隋唐联称已成定局，以自身的教训给盛世奠基，这也算是历史给隋炀帝这个悲剧人物的一点补偿吧。

后记

十二年，弹指一挥间。那时候，我三十出头，对电视一无所知。懵懵懂懂间，纵身一跃，就跳上了“百家讲坛”。现在，我都四十又五，人到中年。偶尔，走到外面，还有人介绍说，这是“百家讲坛”最年轻的主讲人，我也只好笑一笑，补充上两个字——“曾经”。武则天曾经是泪眼婆娑的绝望尼姑，杨广曾经是气吞六合的风流天子。然而，几十年的风烟散去，武则天成了“**政启开元，治宏贞观**”的一代女皇，而杨广则成了“**好内远礼，逆天虐民**”的隋炀帝。结局和曾经之间，该有多大的距离？那么，我呢？我知道，人生本来就是开放式结局，那曾经的因，其实没有必然的果。外在的环境总在改变，自己的理想也未必恒定吧。在执着与鼎新之间，到底应该怎样取舍、怎样平衡呢？当年，看冰心先生所集龚自珍诗句“**世事沧桑心事定，胸中海岳梦中飞**”中的境界，真是羡煞。沧海横流，能让心定下来的力量，到底是什么呢？是良知，是梦想，还是清风明月，右史左图？

十二年，一轮。对人生而言，该是一个小段落了。在这个段落结束之后，我想稍事停留，给自己一个思考的余地。或许，等再读几本书，想明白几个道理之后，我还会跳上这个或者那个讲坛？毕竟，在我心里，一直回荡着古人的豪情：试上小红楼，论诗说剑；更尽一杯酒，举首高歌！

蒙曼

2020年4月于北京